1951

Jürgen Born

„Daß zwei in mir kämpfen ..."
und andere Aufsätze zu Kafka

Vitalis

Die Deutsche Bibliothek – CIP-Einheitsaufnahme
Ein Titeldatensatz für diese Produktion ist bei
Der Deutschen Bibliothek erhältlich.

© Jürgen Born
Eine Gemeinschaftsproduktion der Verlage:
Vitalis, Furth im Wald
  Konrad-Utz-Straße 6
  D-93437 Furth im Wald
  E-Mail: verlag-vitalis@t-online.de
  ISBN 3-934774-39-3

Vitalis, Prag
  U Lužického semináře 19
  CZ-118 00 Prag
  E-Mail: Vitalis@telecom.cz
  ISBN 80-7253-024-0

Druck und Bindung: Finidr, Český Těšín

Inhalt

Vorbemerkung 7
„Daß zwei in mir kämpfen ..." 9
Das „Feuer zusammenhängender Stunden" 17
Kafkas unermüdliche Rechner 37
Vorahnungen bei Kafka? 55
Kafkas Roman *Der Prozeß*: Das Janusgesicht einer Dichtung 65
Kafkas Türhüterlegende 85
‚Leben und Werk' im Blickfeld der Deutung 99
Kafkas Erzählung *Das Urteil*: Schuld oder Schuldgefühle 123
Kafka als Kritiker der Moderne 137
Kafka als Leser 147
Der Illustrator als Interpret:
Dargestellte Wirklichkeit in Kafkas *Prozeß* 159
Verzeichnis der erwähnten Titel Kafkas 172
Verzeichnis der erwähnten Personen 172
Literaturnachweis 175
Der Autor 176

Vorbemerkung*

Die Nummer 1 der Reihe „Wuppertaler Broschüren zur Allgemeinen Literaturwissenschaft", die wir im vorigen Jahr mit Beiträgen von Christel Meier-Staubach, Ulrich Ernst, Dieter Lamping und mir eröffnet haben, verstand sich ausdrücklich als Festgabe für unseren Kollegen Jürgen Born zu seinem 60. Geburtstag. Unausdrücklich war sie nur als deren erste Hälfte gedacht. In der anderen Hälfte – so hatten wir, als wir ihm unser Geburtstagsgeschenk überreichten, hoffend prospektiert – sollte er selbst zu Wort kommen: mit einem Wiederabdruck seiner verstreut erschienenen Aufsätze zu Franz Kafka, über den er nun schon seit runden dreißig Jahren arbeitet. Dankenswerterweise hat er unserer Bitte entsprochen und zugestanden, hier eine Auswahl von zehn Beiträgen zu Kafka zugänglich zu machen. Es sind, wie immer man es wendet, Beiträge zu Leben und Werk oder zu Werk und Leben seines Dichters: beschlossen mit seinem resümierenden Aufsatz „,Leben und Werk' im Blickfeld der Deutung: Überlegungen zur Kafka-Interpretation" (1985), inzwischen chronologisch geordnet und gebündelt unter dem Titel desjenigen Beitrags, in dem die Einheit von Leben und Werk auf das eindringlichste gleichermaßen dokumentiert wie artikuliert ist: „Daß zwei in mir kämpfen ..."

Dietrich Weber

Wuppertal, im Juli 1988

---

* Diese Vorbemerkung schrieb Dietrich Weber zum Erscheinen der Aufsätze von Jürgen Born in den *Wuppertaler Broschüren zur Allgemeinen Literaturwissenschaft, Nummer 2* im Jahre 1988. Den seinerzeit in diesem Band erschienenen Abhandlungen zu Kafka wurden vier weitere, in den neunziger Jahren veröffentlichte hinzugefügt, drei älteren Datums entfielen.

„Daß zwei in mir kämpfen ..."

Zu einem Brief Kafkas an Felice Bauer

„Daß zwei in mir kämpfen, weißt Du", schreibt Kafka Ende September 1917 im vorletzten Brief an seine Verlobte. „Daß der bessere der zwei Dir gehört, daran zweifle ich gerade in den letzten Tagen am wenigsten. Über den Verlauf des Kampfes bist Du ja durch 5 Jahre durch Wort und Schweigen und durch ihre Mischungen unterrichtet worden, meistens zu Deiner Qual." Und ein paar Zeilen weiter heißt es: „Diese zwei, die in mir kämpfen, oder richtiger, aus deren Kampf ich bis auf einen kleinen gemarterten Rest bestehe, sind ein Guter und ein Böser; zeitweilig wechseln sie diese Masken, das verwirrt den verwirrten Kampf noch mehr; schließlich aber konnte ich, bei Rückschlägen bis in die allerletzte Zeit doch glauben, daß es zu dem Unwahrscheinlichsten [...] kommen werde und ich, kläglich, elend geworden durch die Jahre, endlich Dich haben darf." (F 755f.)[1]

Plötzlich zeige sich aber, fährt Kafka fort, daß der „Blutverlust" zu stark gewesen sei. „Das Blut, das der Gute (jetzt heißt er uns Guter) vergießt, um Dich zu gewinnen, nützt dem Bösen. Dort wo der Böse, wahrscheinlich oder vielleicht, aus eigener Kraft nichts entscheidend Neues mehr zu seiner Verteidigung gefunden hätte, wird ihm dieses Neue vom Guten geboten." Im weiteren vertraut Kafka seiner Verlobten an, daß er seine Krankheit „im geheimen gar nicht für eine Tuberkulose" halte, „oder wenigstens zunächst nicht für eine Tuberkulose", sondern für seinen „allgemeinen Bankrott". Das Blut stamme nicht aus der Lunge, sondern „aus dem oder aus einem entscheidenden Stich eines Kämpfers." (In der Nacht vom 9. zum 10. August 1917 hatte er den ersten Blutsturz erlitten.)

Deutete Kafka hier nicht die Ursache für den Ausbruch einer Krankheit, die sieben Jahre später zu seinem Tode führen sollte,

---

[1] Dieser und die folgenden Verweise beziehen sich auf die bei Schocken Books und S. Fischer erschiene Ausgabe: Franz Kafka, *Gesammelte Werke*, Frankfurt a.M. 1950ff. Die einzelnen Bände werden wie folgt abgekürzt: F = *Briefe an Felice*; T = *Tagebücher 1910-1923*.

so könnte man das Bild der beiden Kämpfer als einen metaphorischen Ausdruck von dichterischer Kraft uneingeschränkt bewundern. Aber dieses Bild gehört nicht in den Bereich der Dichtung, es ist vielmehr Sinnbild einer furchtbaren Wirklichkeit. Denn dieser Zweikampf entspricht in seiner erbarmungslosen Härte einer langjährigen Erfahrung stets wiederkehrender seelischer Qual. In allen Grenzsituationen der fünfjährigen Verbindung mit Felice, in allen Situationen, die von ihm eine Entscheidung fordern, bricht er – einem Schicksalsmotiv gleich – warnend hervor.

Schon Mitte Juni 1913, als Kafka Felice zum erstenmal in einem Brief fragt, ob sie seine Frau werden wolle, deutet sich der innere Kampf an. Unmittelbar nach dieser Frage unterbricht er seinen Brief. Als er ihn ein paar Tage später fortsetzt, erklärt er ihr, warum er nicht habe weiterschreiben können. Es sei „im Grunde nämlich eine verbrecherische Frage", die er ihr stelle, aber „in dem Widerstreit der Kräfte siegen die, die diese Frage stellen müssen". (F 400) Die vergleichsweise harmlose Formulierung „Widerstreit der Kräfte" verrät indes noch kaum etwas von der Härte des Kampfes, der vermutlich schon dieser Frage vorausgegangen war. Deutlicher kennzeichnen sich die widerstreitenden Kräfte erst in einem Brief vom Herbst 1914, den Kafka etwa drei Monate nach der Lösung des ersten Verlöbnisses an Felice schrieb:

Es waren und sind in mir zwei, die miteinander kämpfen. Der eine ist fast so wie Du ihn wolltest, und was ihm zur Erfüllung Deines Wunsches fehlt, das könnte er durch weitere Entwicklung erreichen. [...] Der andere aber denkt nur an die Arbeit, sie ist seine einzige Sorge, sie macht, daß ihm die gemeinsten Vorstellungen nicht fremd sind, der Tod seines besten Freundes würde sich ihm zuallererst als ein wenn auch vorübergehendes Hindernis der Arbeit darstellen [...]. Die zwei kämpfen nun, aber es ist kein wirklicher Kampf, bei dem je zwei Hände gegeneinander losschlagen. Der erste ist abhängig vom zweiten, er wäre niemals, aus innern Gründen niemals imstande, ihn niederzuwerfen, vielmehr ist er glücklich, wenn der zweite glücklich ist, und wenn der zweite dem Anschein nach verlieren soll, so kniet der erste bei ihm nieder und will nichts anderes sehn als ihn. [...] Und doch kämpfen sie miteinander und doch könnten beide Dir gehören, nur ändern kann man nichts an ihnen, außer man zerschlägt beide. (F 617f.)

Vorwurfsvoll erklärt Kafka ihr in diesem Brief, sie habe nur den einen der beiden Kämpfenden akzeptiert, für den andern aber, dem es um die Arbeit, das ‚Schreiben', gehe, habe sie nur Widerwillen empfunden. Das habe er nur zu deutlich bemerkt, und das sei schließlich auch die Ursache gewesen für seine kompromißlose Haltung bei der Aussprache in Berlin, die zur Lösung des ersten Verlöbnisses führte: „So wild haben die zwei in mir nie gekämpft wie damals." (F 620) Nur aus dieser Situation heraus habe er jenen Brief an Grete Bloch geschrieben (aus dem dann während des „Gerichtshofs im Hotel" ihn Belastendes zitiert wurde).

Doch nicht nur dieser eine Brief Kafkas an Grete Bloch ist, unter dem Aspekt der widerstreitenden ‚Kämpfer' betrachtet, bedeutsam. Seiner gesamten Korrespondenz mit der Freundin seiner Verlobten kommt in diesem Zusammenhang eine eigentümliche Bedeutung zu: Sie bot gleichsam dem anderen ‚Kämpfer' in ihm die Möglichkeit, sich gegen die Ehe mit Felice auszusprechen, eine Ehe, von der Kafka fürchtete, sie würde seiner schriftstellerischen Arbeit sehr bald ein Ende setzen. Und so läßt denn auch Kafkas ‚Doppelkorrespondenz', besonders seit der offiziellen Verlobung (Anfang Juni 1914), deutlich erkennen, daß in den an Felice gerichteten Briefen der *eine*, in denen an Grete Bloch der *andere* ‚Kämpfer' das Wort führt.

Was Kafka in seinen Briefen als Zweikampf bezeichnet, erhellt eine Aufzeichnung in seinem Tagebuch vom 27. August 1916: „Heute in der Nacht zum Beispiel ist in dir auf Kosten deines Gehirnes und Herzens ein Kampf zwischen zwei ganz gleichwertigen gleichstarken Motiven durchgeführt worden [...]. Was bleibt übrig? Dich nicht mehr zu solchem Kampfplatz zu entwürdigen, wo förmlich ohne Rücksicht auf dich gekämpft wird und du nichts fühlst als die Stöße der schrecklichen Kämpfer." (T 511) Diese Aufzeichnung, in der sich Kafka unter anderem auch der „Beamtenhaftigkeit" und der „Berechnungskunst" anklagt, steht in unmittelbarem Zusammenhang mit seiner Beziehung zu Felice; er hatte in einer Postkarte an sie den in Marienbad gefaßten Entschluß, kurz nach Kriegsende zu heiraten, offenbar wieder in Frage gestellt, hatte dann aber die Karte nach langen Überlegungen nicht abgeschickt. – Bezeichnenderweise erscheint dann ein paar Wochen darauf noch einmal das Motiv des unablässigen Kampfes in einem Brief an Felice: „[...] ich kann nicht glauben, daß in irgendeinem Märchen um irgendeine Frau mehr und verzweifelter gekämpft worden ist als um Dich in mir, seit dem Anfang und immer von neuem und vielleicht für immer". (F 730)

So ist denn der Zweikampf, den Kafka in immer neuen Variationen beschreibt, ganz deutlich ein Sinnbild der in ihm widerstreitenden Kräfte. Gewiß wurden diese Kräfte nicht erst durch die Begegnung mit Felice ins Leben gerufen, sie waren vielmehr tief in seinem Wesen angelegt. Konfliktsituationen und unversöhnliche Widersprüche gehörten, wie er selbst es einmal Felice gegenüber bekennt, „von allem Anfang an" zu seinem Leben. (F 461) Sie kennzeichnen seine Biographie, sie sprechen aus seinen Tagebüchern und Briefen und sie herrschen in seinen Erzählungen und Romanen vor. (So sind einige seiner stärksten Dichtungen, etwa die Parabeln *Vor dem Gesetz* oder *Eine kaiserliche Botschaft*, ganz auf eine widersprüchliche oder zumindest paradoxale Situation aufgebaut.) Der Widerstreit aber, der durch seine Begegnung mit Felice Bauer ausgelöst wurde – der Konflikt zwischen Einsamkeit und Gemeinschaft – sollte für sein weiteres Leben von entscheidender Bedeutung sein.

Kafka begriff diesen Streit, wie wir gesehen haben, im Sinnbild des Zweikampfes: Der erste ‚Kämpfer', der „Gute", wie Kafka ihn in seinem vorletzten Brief an Felice nennt – er sei fast so, wie sie ihn wolle –, tritt entschlossen für die Einordnung in die Gemeinschaft, für die Ehe, für ein Leben ‚dans le vrai' ein. Der zweite – Kafka bezeichnet ihn als den „Bösen" – verteidigt mit gleicher Entschlossenheit das Schreiben, das „nur für die Arbeit berechnete Leben", und das heißt für Kafka eine geradezu einsiedlerische Abgeschlossenheit von der Gemeinschaft. Aber, so hieß es weiter in diesem Brief, die „Kämpfer" wechselten zeitweilig ihre Masken, und das verwirre den „verwirrten Kampf noch mehr". Was damit gemeint ist, erhellt eine Tagebuchnotiz Max Brods vom 4. September 1917, dem Tag, an dem die Lungenerkrankung seines Freundes konstatiert wurde. (M. B., *Franz Kafka. Eine Biographie*, 1954, S. 199) Kafka fühle sich „befreit und besiegt zugleich", heißt es da. „Widerstrebender Teil in ihm hält die Ehe für Ablenkung von der einen Blickrichtung aufs Absolute. Ein anderer Teil strebt Ehe als Naturgemäßes an. Dieser Kampf hat ihn zermürbt." Im Hinblick auf das Absolute erscheint also der für die Ehe eintretende ‚Kämpfer' als der Widersacher, der „Böse" – im Hinblick auf ein Leben ‚dans le vrai' hingegen erscheint er als der „Gute". In der Tat, dieses Wechseln der Masken mußte den „verwirrten Kampf noch mehr" verwirren.

Im Verlauf der fünfjährigen Verbindung mit Felice gewinnt nun bald dieser, bald jener der beiden ‚Kämpfer' die Oberhand. Der Sieg des einen ist nie ein ganzer Sieg, sondern erlaubt es dem andern, schon bald darauf von neuem anzugreifen. Ein Ende des Kampfes ist unmöglich, denn es gibt weder eine Aussöhnung noch den endgültigen Sieg des einen über den anderen: Als Kafka im Juni 1913 Felice zum erstenmal um ihre Hand bat, siegten „in dem Widerstreit der Kräfte die, die diese Frage stellen" mußten. Freilich kamen dann, noch in demselben Brief, die in dem Widerstreit unterlegenen Kräfte zum Zuge und führten alle Einwände ins Treffen, die Kafka gegen eine Ehe zu ersinnen vermochte. Nach der ersten Verlobung im Jahre 1914 brach der Kampf von neuem aus, diesmal mit größerer Härte als zuvor. Die Entscheidung fiel gegen die Ehe, als Kafka bei der Aussprache in Berlin offenbar auf seiner Forderung nach einem „phantastischen, nur für [seine] Arbeit berechneten Leben" bestand. (T 459) Und wenn er sich etwa ein halbes Jahr zuvor im Tagebuch als „teuflisch in aller Unschuld" bezeichnet hatte (T 408), so kommentierte hier gleichsam der eine ‚Kämpfer' den Erfolg des anderen, dessen unentdeckte „Gemeinheiten", dessen fragwürdige Fähigkeit zu „betrügen, allerdings ohne Betrug". (F 756)

Hatte Kafka in seinen Briefen an Grete Bloch, besonders nach der Verlobung, der zuvor getroffenen Entscheidung für die Ehe entgegengewirkt, so stellen seine Briefe, die er nach der Lösung des Verlöbnisses an Felicens Schwester Erna richtet, den Versuch dar, die Verbindung zu Felice nicht ganz abbrechen zu lassen. Zwar lebte er damals in Prag sehr zurückgezogen – es war die Zeit, in der der Prozeß-Roman entstand – aber von einer konsequenten Lösung der Verbindung zu Felice kann eigentlich nicht die Rede sein. Eher könnte man sein damaliges Verhalten als einen Versuch bezeichnen, in jenem „Grenzland zwischen Einsamkeit und Gemeinschaft", von dem er später einmal im Tagebuch (T 548) spricht, zu verharren. Und überdenkt man das Dilemma, in das er durch jeden eindeutigen Entschluß unweigerlich geriet, so kann man verstehen, daß dieses eigentümliche Verharren in der Schwebe ihm noch am leichtesten erträglich war. Daher ist es auch gar nicht so „erstaunlich", daß seine „Schöpferkraft inmitten dieser Heimsuchungen" nicht versiegte, ja daß sie „vielmehr gerade in jener Zeit in Blüte" stand. (Brod, Kafka-Biographie 183) Denn nicht die eindeutig entschiedene Position, sondern dieser eigentümliche Schwebezustand der Unentschiedenheit und Unsicherheit – dem labilen Gleichgewicht des Trapezkünstlers vergleichbar – war dem Schaffen Kafkas offenbar am günstigsten.

Zweifellos spiegelt auch der Prozeß-Roman, der kurz nach der Lösung des Verlöbnisses zu entstehen begann, den inneren Kampf seines Autors wider. In diesem Roman führt vor allem der die Gemeinschaft bejahende ‚Kämpfer' das Wort. Von seiner Warte aus gesehen ist der sich aus der Gemeinschaft ausschließende Josef K. „der Schuldige". (T 481) Und ganz zu Recht hat denn auch Brod den *Prozeß* und die Erzählung *In der Strafkolonie* als „Dokumente dichterischer Selbstbestrafung", als „imaginierte Sühnehandlungen" bezeichnet. (Brod, Kafka-Biographie 178) Besonders aufschlußreich ist in diesem Zusammenhang das Schlußkapitel des Prozeß-Romans. (Auf eine Stelle in diesem Kapitel, die eine Verbindung zu einem Brief an Felice erkennen läßt, habe ich in einer Anmerkung zu den *Briefen an Felice*, S. 534, hingewiesen.)

Als Kafka sich im Sommer 1916 in Marienbad entschloß, kurz nach Kriegsende zu heiraten, drohte der innere Kampf von neuem auszubrechen. In einer schlaflosen Nacht erlebt er den „Kampf zwischen zwei ganz gleichwertigen gleichstarken Motiven". Doch ist er nicht gewillt, sich künftig wieder zu solchem „Kampfplatz zu entwürdigen", wo „förmlich ohne

Rücksicht" auf ihn gekämpft werde und er nichts fühle als „die Stöße der schrecklichen Kämpfer". (T 511) Ein ‚dritter Weg' scheint ihm die Möglichkeit zu geben, dem erneut drohenden Dilemma zu entkommen: Er will Soldat werden. Doch dieser Ausweg blieb ihm dann verschlossen.

Den letzten und folgenschwersten Kampf löste offenbar die zweite Verlobung mit Felice im Juli 1917 aus. Dem erneut gefaßten Entschluß, Felice zu heiraten, folgt – geradezu mit Notwendigkeit – der Versuch, diesen Entschluß wieder rückgängig zu machen. Wieder treten die „schrecklichen Kämpfer" einander gegenüber. Aber der von jahrelangem Kampf geschwächte Körper – Kafka schreibt, er bestehe „bis auf einen kleinen gemarterten Rest" nur noch aus diesem Kampf – ist den Anstrengungen nicht mehr gewachsen: Das Ende dieses Kampfes ist zugleich der Beginn einer Krankheit, von der er – das ahnte Kafka – nie mehr genesen sollte. Und so schließt denn jener vorletzte Brief an Felice: „[...] ich werde nicht mehr gesund werden. Eben weil es keine Tuberkulose ist, die man in den Liegestuhl legt und gesund pflegt, sondern eine Waffe, deren äußerste Notwendigkeit bleibt, solange ich am Leben bleibe. Und beide können nicht am Leben bleiben." (F 757)

„Das Feuer zusammenhängender Stunden"

Zu Kafkas Metaphorik des dichterischen Schaffens

I

Wo immer Franz Kafka sich im Tagebuch über den Vorgang seiner schriftstellerischen Arbeit Notizen macht, wo immer er in Briefen von seinem „Schreiben" berichtet, überrascht uns die Vielzahl metaphorischer Wendungen – eine Vielzahl metaphorischer Wendungen: bei einem Autor, der in seiner Dichtung mit der Metapher äußerst sparsam umging.[1] Nun zwinge ja, mag man einwenden, die Darstellung des Schaffensprozesses – wie überhaupt die Darstellung eines jeden geistig-seelischen Vorgangs – geradezu zum Gebrauch metaphorischer Wendungen, jedenfalls wenn man Abstrakta wie *ratio* oder *Enthusiasmus* vermeiden will.

Dennoch überrascht bei Kafka ihre Vielzahl und ihre Eigenart. Ihre Eigenart vor allem läßt erkennen, daß der Autor den Vorgang des Schaffens mit höchster Intensität in sich erlebte.

Seiner ungemein genauen Selbstbeobachtung verdanken wir eine Reihe von Aufzeichnungen, die gleichsam jede Nuance der Empfindung während des Schaffens vermerkten, jeden das Schreiben begleitenden Gedanken festhielten. So macht er nur wenige Stunden nach der Niederschrift der Erzählung *Das Urteil* im Tagebuch folgende Aufzeichnung, und wer den Ton seiner Notizen kennt, wird hier einen gewissen, bei Kafka selten vernehmbaren Stolz heraushören:

---

[1] Die Metaphern seien, so bemerkt er einmal im Tagebuch (S. 550), „eines in dem vielen", was ihn am Schreiben verzweifeln lasse. Diese Verzweiflung hat letztlich ihren Grund in dem von Kafka so stark empfundenen Konflikt zwischen der geistigen und der physischen Welt. Immer wieder erfuhr er ihn als mangelnde Übereinstimmung oder gar als Widersprüchlichkeit. Seine überwache Gewissenhaftigkeit ließ ihn nur zu schnell jene Art von Ungenauigkeit oder Unwahrheit erkennen, die jeder Gebrauch der Metapher unwillkürlich mit sich bringt.

> Diese Geschichte „Das Urteil" habe ich in der Nacht vom 22. bis 23. von zehn Uhr abends bis sechs Uhr früh in einem Zug geschrieben. [...] Die fürchterliche Anstrengung und Freude, wie sich die Geschichte vor mir entwickelte, wie ich in einem Gewässer vorwärtskam. Mehrmals in dieser Nacht trug ich mein Gewicht auf dem Rücken. Wie alles gewagt werden kann, wie für alle, für die fremdesten Einfälle ein großes Feuer bereitet ist, in dem sie vergehn und auferstehn. [...] Die bestätigte Überzeugung, daß ich mich mit meinem Romanschreiben in schändlichen Niederungen des Schreibens befinde. Nur so kann geschrieben werden, nur in einem solchen Zusammenhang, mit solcher vollständigen Öffnung des Leibes und der Seele. [...] (T 293f.)[1]

Dieser, im Manuskript des Tagebuchs unmittelbar auf den Wortlaut der Erzählung folgende Kommentar, ist – das betont auch Max Brod in seiner Kafka-Biographie – eines der aufschlußreichsten Dokumente über Kafkas Schaffensweise, jedenfalls über seine Schaffensweise seit dem September 1912. Und daß dieser Kommentar höchstens ein paar Stunden nach der Niederschrift der Erzählung aufgezeichnet wurde, das Erlebnis des Schaffens also unmittelbar wiedergibt, macht ihn besonders wertvoll.

Die Kafka-Literatur spricht im Zusammenhang mit der Erzählung *Das Urteil* von einem „Durchbruch": Max Brod betont, mit der Niederschrift dieser Erzählung sei der „Durchbruch des Dichters zu der ihm gemäßen Form" erfolgt, Heinz Politzer überschreibt das Kapitel seines Kafka-Buches, in dem er *Urteil* und *Verwandlung* behandelt, „Der Durchbruch", und auch Walter Sokel spricht von Kafkas „Durchbruch zu seiner eigenen und eigentlichen Form."[2] Nicht nur zu seiner Form, möchte ich hinzufügen, sondern auch zu der ihm gemäßen Schaffensweise: „*Nur so* kann geschrieben werden, nur in einem

---

[1] Dieser und die folgenden Verweise beziehen sich auf die bei Schocken Books und S. Fischer erschienene Ausgabe: Franz Kafka, *Gesammelte Werke*, Frankfurt a.M. 1950ff. Die einzelnen Bände werden wie folgt abgekürzt: Br = *Briefe 1902-1924;* F = *Briefe an Felice;* H = *Hochzeitsvorbereitungen auf dem Lande*, Mi = *Briefe an Milena;* T = *Tagebücher 1910-1923.*

[2] M. Brod, *Franz Kafka. Eine Biographie*, (Frankfurt a.M. 1954), S. 131; H. Politzer, *Franz Kafka, der Künstler*, (Frankfurt a.M. 1965), S. 81ff., W. Sokel, *Franz Kafka – Tragik und Ironie*, (München/Wien 1964), S. 11. – Als erster sprach Paul Wiegler im Zusammenhang mit Kafkas *Urteil* von einem *Durchbruch*, und zwar in seiner Besprechung von Kafkas erster öffentlicher Vorlesung am 4. Dezember 1912. Vgl. *Kafka-Symposion*, (Berlin 1965), S. 149.

solchen Zusammenhang [...]", heißt es in der oben zitierten Aufzeichnung. Woraus sich freilich auch eine neue Form ergibt.

Kafkas Aufzeichnung über die Entstehung des *Urteils* enthält eine Reihe aufschlußreicher Beobachtungen: Wir erfahren, daß die Erzählung ohne Unterbrechung im Verlaufe einer einzigen Nacht geschrieben wurde, daß der Autor große Anstrengung, zugleich aber auch Freude darüber empfand, wie sich die Erzählung im Verlauf des Schreibens vor ihm entwickelte, gleichsam aus sich selbst heraus, ohne einen Eingriff von außen. (Daß Kafka etwas ganz anderes hatte darstellen wollen, die Erzählung also nicht im voraus entworfen worden war, geht aus einem späteren Brief an Felice hervor.)[1]

Das Bild vom „Vorwärtskommen in einem Gewässer" ist ohne weiteres verständlich; es geht auf Kafkas eigene Erfahrung zurück: sein Schwimmen oder Rudern in der Moldau. Nicht ohne weiteres verständlich ist dagegen die Bemerkung, er habe mehrmals in dieser Nacht sein „Gewicht auf dem Rücken" getragen. Sie kommt aus einem ganz eigentümlichen Vorstellungsbereich und hängt mit der gelegentlich im Tagebuch geäußerten Angst zusammen, das Körpergewicht, ja überhaupt die Körperlichkeit zu verlieren. (T 280) Das „Gewicht auf dem Rücken tragen" bedeutet hingegen „schwer sein", entspricht also einem Gefühl innerer Sicherheit. Ein anderes Mal noch erwähnt Kafka dieses „Gewicht" in Zusammenhang mit seinem Schreiben; hier ist von einer auf einem Wagen beförderten „Last" die Rede: Schrecklich sei es, so klagt er, wie der Roman *(Der Verschollene)* sein Aussehen ändern könne; „liegt die Last auf [...] dem Wagen oben, dann ist mir wohl, [...] fällt sie mir aber vom Wagen herunter [...], scheint sie unmäßig schwer für meine kläglichen Schultern [...]". (F 231)

Aus jenem Gefühl der „Schwere", der inneren Sicherheit heraus, kann „alles gewagt werden". Bei der Arbeit an seinem Roman *(Der Verschollene)* habe er, so klagt Kafka, diese spontane

---

[1] Kafka hatte ursprünglich „einen Krieg" beschreiben wollen; „ein junger Mann sollte aus seinem Fenster eine Menschenmenge über die Brücke herankommen" sehen. Dann aber, so berichtet Kafka weiter, „drehte sich mir alles unter den Händen". (F 394)

Art des Schaffens schon lange nicht mehr erlebt, dieses Schreiben im Zustand innerer Ergriffenheit, mit solcher „vollständigen Öffnung des Leibes und der Seele."[1]

Besonders aufschlußreich für Kafkas Verständnis des schöpferischen Vorgangs scheint mir seine Bemerkung, daß in jener Nacht ein „großes Feuer" bereitet war, in dem die „fremdesten Einfälle [...] vergehn und auferstehn." Eine abstraktere, „wissenschaftliche" Sprache würde die von Kafka beobachtete Erscheinung vielleicht als „Umformungsprozeß" bezeichnen. Allein selbst der Psychologe Richard Müller-Freienfels gebraucht eine Formulierung, die der Kafkas sehr ähnlich ist. Die Inspiration, die „Gefühlsergriffenheit" des Künstlers sei, so schreibt er, keine Begleiterscheinung, sondern „das Feuer, das das unbewußt angesammelte Material zum Schmelzen" bringe, so daß es formbar werde.[2] Auf diese Vorstellung kommen wir noch zurück.

Die Entstehung des *Urteils* lehrt Kafka, daß die Nacht die Zeit sei, die seiner Art des Schaffens am meisten entspricht. Nur nachts kann er mehrere Stunden hindurch ohne Unterbrechung schreiben, und nur nachts finde er die Stille, die er seiner Lärmempfindlichkeit wegen unbedingt zum Schreiben braucht. Im November 1912 entschließt er sich daher zu einer neuen Zeiteinteilung: Da er bereits um zwei Uhr aus dem Dienst kommt, schläft er nachmittags ein paar Stunden, um die Stille der Nacht möglichst lange für sein Schreiben nützen zu können. Schon die ersten mit dem Schreiben verbrachten Nächte bestätigen ihm, daß er die seinem Schaffen entsprechende Zeit gefunden hat. Und als er einmal, während der Arbeit an der *Verwandlung*, den in vergangenen Nächten entbehrten Schlaf nachzuholen gezwungen ist, klagt er: „Hätte ich die Nacht frei, um sie, ohne die Feder abzusetzen, durchschreiben zu können

---

[1] Die hier und in anderen Äußerungen über sein Schreiben deutliche Geburtsmetaphorik verdiente es, in einer eigenen Studie zu Kafkas Schaffensweise behandelt zu werden.

[2] R. Müller-Freienfels, *Psychologie der Kunst*, Bd. II, zweite vollständig umgearbeitete und vermehrte Auflage, Leipzig/Berlin 1923, S. 146; in der ersten, 1912 erschienenen Auflage spricht Müller-Freienfels von der „Glut [...], die das angesammelte Material ins Schmelzen bringt." (S. 197)

bis zum Morgen! Es sollte eine schöne Nacht werden". (F 102) Nur die Nächte ermöglichen ihm jenes Höchstmaß an Konzentration, jenes Schreiben in „einem solchen Zusammenhang". Jede Unterbrechung, fürchtet er, werde ihm die gerade im Entstehen begriffene Geschichte verderben. Alles „bruchstückweise und nicht im Laufe des größten Teils der Nacht (oder gar in ihrer Gänze) Niedergeschriebene" erscheint ihm minderwertig. (T 447) Ärgerlich über das Stocken seiner Arbeit an der Erzählung *Der Dorfschullehrer*, notiert er sich im Dezember 1914, er arbeite schon eine Woche lang an einer Geschichte, die er „in drei freien Nächten rein und ohne äußerliche Fehler fertiggebracht" hätte. (T 451) Und resignierend heißt es zu Beginn des Jahres 1915 im Tagebuch: „Es ist alles nutzlos. Kann ich die Geschichten nicht durch die Nächte jagen, brechen sie aus und verlaufen sich [...]". (T 454) Verzweifelte Klagen wie „Ein paar Abende gut gearbeitet. Hätte ich in den Nächten arbeiten dürfen!" (T 468) finden sich auch in der folgenden Zeit wiederholt in seinen Aufzeichnungen.

„Jetzt ist Nacht, dort wo sie am tiefsten ist", heißt es in Kafkas Brief an Felice Bauer vom 2./3. Dezember 1912. (F 151) Eine eigenwillige, für die Art und die Umstände des Kafkaschen Schaffens freilich sehr charakteristische Verbindung von Zeit und Raum! War die Nacht in konkretem Sinne die Zeit seines Schaffens, die Zeit des „guten Schreibens", so bezeichnet das Wort *Tiefe* seinen Ort, und zwar auf doppelte Weise: Tiefe der Nacht und Tiefe des seelischen Bereichs, der sich erst in der Stille der Nacht, im Zustand höchster Konzentration dem Autor erschließt. In den Jahren vor 1912 vermochte Kafka diesen Zustand gelegentlich durch längeres Alleinsein auch während des Tages zu erreichen, jenen Zustand, in dem sich, so heißt es einmal im Tagebuch, sein Inneres löse und bereit sei, „Tieferes hervorzulassen". (T 34) Später beobachtete er, daß die Stunden der Nacht zu dieser Art der Konzentration besser geeignet seien.

Tiefe bezeichnet in Kafkas Sprachgebrauch auch den Quell des künstlerischen Schaffens, genauer gesagt, die Quelle des (mit Müller-Freienfels zu sprechen) „unbewußt angesammelten

Materials", das freilich erst vom Künstler geformt, gestaltet, im Werk objektiviert werden muß. Auch bezeichnet *Tiefe* für ihn die Quelle jedes wahren Gefühls und damit die unumgängliche Voraussetzung für dichterisches Schaffen überhaupt. In einem Brief aus dem Januar 1913 erklärt er seiner Verlobten auf folgende Weise, warum er beim Schreiben unbedingt allein sein müsse:

> Schreiben heißt ja sich öffnen bis zum Übermaß; die äußerste Offenherzigkeit und Hingabe, in der sich ein Mensch im menschlichen Verkehr schon zu verlieren glaubt und vor der er also, solange er bei Sinnen ist, immer zurückscheuen wird [...] – diese Offenherzigkeit und Hingabe genügt zum Schreiben bei weitem nicht. Was von dieser Oberfläche ins Schreiben hinübergenommen wird – wenn es nicht anders geht und die tiefern Quellen schweigen – ist nichts und fällt in dem Augenblick zusammen, in dem ein wahreres Gefühl diesen obern Boden zum Schwanken bringt. Deshalb kann man nicht genug allein sein, wenn man schreibt, deshalb kann es nicht genug still um einen sein, wenn man schreibt, die Nacht ist noch zu wenig Nacht.

Und ein paar Zeilen weiter beschreibt Kafka eine Lebensweise, die seinem Schaffen und dem dazu notwendigen Alleinsein auf geradezu vollkommene Weise entsprechen würde:

> Oft dachte ich schon daran, daß es die beste Lebensweise für mich wäre, mit Schreibzeug und einer Lampe im innersten Raume eines ausgedehnten, abgesperrten Kellers zu sein. Das Essen brächte man mir, stellte es immer weit von meinem Raum entfernt hinter der äußersten Tür des Kellers nieder. Der Weg um das Essen, im Schlafrock, durch alle Kellergewölbe hindurch wäre mein einziger Spaziergang. Dann kehrte ich zu meinem Tisch zurück, würde langsam und mit Bedacht essen und wieder gleich zu schreiben anfangen. Was ich dann schreiben würde! Aus welchen Tiefen ich es hervorreißen würde! Ohne Anstrengung! Denn äußerste Koncentration kennt keine Anstrengung. Nur, daß ich es vielleicht nicht lange treiben würde und beim ersten, vielleicht selbst in solchem Zustand nicht zu vermeidendem Mißlingen in einen großartigen Wahnsinn ausbrechen müßte. (F 250)

Beide Briefstellen sprechen von der Tiefe; die erste von der Tiefe im übertragenen Sinne: dem Ort des „wahreren Gefühls", der eigentlichen Quelle dichterischen Schaffens. Die zweite spricht von der Tiefe in konkretem Sinn: dem zutiefst gelegenen Raum im Innersten eines ausgedehnten Kellergewölbes. Das Schreiben in diesem Raum wiederum, weitab von allen Menschen, entspräche auf vollkommene Weise eben jenem dichterischen Schaffen, das auf die „tiefern Quellen" angewiesen sei, Kafkas Vorstellung einer für sein Schreiben idealen Lebensweise mutet gewiß ein wenig phantastisch an. Gleichwohl entspricht das Bild jener Kellergruft, in der er sich beim Lichte seiner Lampe schreiben sieht – dort unten ist ja immer Nacht – in vielem seiner Auffassung von der Existenz des Schriftstellers und von dessen problematischem Verhältnis zur Menschengemeinschaft: Er ist dem Bereich der Menschen entrückt, muß ihm entrückt sein, kann an ihrem Leben gar nicht mehr recht teilhaben. Ganz unterbrechen kann er die Verbindung zu den Menschen freilich nicht. Von ihnen erhält er die Nahrung, wenn er auch – das ist bezeichnend – den Menschen, der die Nahrung bringt, nie von Angesicht zu Angesicht sieht. Diese Auffassung von der Existenz des Schriftstellers als der eines Lebendig-Toten spiegelt sich auch in einigen Dichtungen Kafkas wider, u.a. in der Erzählung vom *Jäger Gracchus*.[1] Es ist jene merkwürdige Art der Zwischenexistenz, ein Leben im Grenzland zwischen Einsamkeit und Gemeinschaft.

Abgeschiedenheit brauche er zum Schreiben, so betont Kafka einmal in einem Brief an Felice; Abgeschiedenheit, nicht „wie ein Einsiedler" – so hatte sie es offenbar in einem Brief an ihn formuliert –, sondern „wie ein Toter". Schreiben in diesem Sinne sei „ein tieferer Schlaf, also Tod, und so wie man einen Toten nicht aus seinem Grabe ziehen wird und kann, so auch mich nicht vom Schreibtisch in der Nacht". (F 412) Ein solcher Vergleich mag befremden, ja man mag vermuten, Kafka „stilisiere" hier ein wenig, wie er es bisweilen in Briefen an seine Verlobte

---

[1] Vgl. dazu die aufschlußreiche Darstellung von Heinz Hillmann, *Franz Kafka. Dichtungstheorie und Dichtungsgestalt*, (Bonn: Bouvier 1964), bes. S. 22ff.

tut, um sie vor einer Ehe mit ihm zu warnen. Überdies, mag man einwenden, kennten wir ja seine Vorliebe für Grabmetaphorik. Tatsächlich verbindet sich aber in Kafkas Vorstellung der Bereich des Schreibens mit einem vom Leben abgewandten, ja ihm entgegengesetzten Bereich, einem Zwischenbereich zwischen Leben und Tod. Das erinnert an jene „untersten Regionen des Todes", aus denen der Wind kommt, der den Kahn des Jägers Gracchus treibt.

In der zuvor zitierten Briefstelle hatte Kafka zwischen einem Schreiben „an der Oberfläche" und einem Schreiben „in der Tiefe" unterschieden, eine Unterscheidung, die im übrigen auch aus zahlreichen Tagebuch- und auch aus anderen Briefstellen hervorgeht. Schreiben aus wahrem Gefühl heraus, ein Schreiben, das der Geschichte – so sagt er es einmal vom *Urteil* – „innere Wahrheit" gibt: Das heißt für ihn Schreiben in der *Tiefe*. In diesem Sinne ist seine Bemerkung über den Amerika-Roman zu verstehen, von dem er einmal schreibt, viel „Unrichtiges" würde darin stehen bleiben müssen, weil dafür „keine Hilfe aus der Tiefe" komme. (F 251) Eine Erzählung, die den Leser ergreifen, ihn betroffen machen soll, die, mit Kafka zu sprechen, „Messerwirkung" ausüben, „Axt" sein soll für das „gefrorene Meer in uns", eine Erzählung, die sich jeder rationalen Auflösung entzieht, eine solche Erzählung muß nach Kafka ihre Quelle in der *Tiefe* haben. Erst dann vermag sie den Leser „ins Tiefere" zu ziehen, d.h. ihn in seiner geistig-seelischen Totalität zu ergreifen, also auch das Gemüt und jene Schichten in ihm anzusprechen, die der Intellekt nur schwer zu erreichen vermag. So bemängelt Kafka einmal an einer Legende über Theodor Herzl, daß sie „nichts ... als Allegorie" sei, „alles sagt, was zu sagen ist, nirgends ins Tiefere geht und ins Tiefere zieht". (F 596) Zwischen der geistig-seelischen Situation des Autors während des Schaffens und der Wirkung seines Werkes auf den Leser besteht nach Kafka, das ist deutlich, eine enge Relation.

Letztlich kennzeichnet *Tiefe* für Kafka überhaupt den Ort schriftstellerischer Fähigkeit. Als seine einzige Begabung beschreibt er einmal „irgendwelche Kräfte, die sich in einer im normalen Zustand gar nicht erkennbaren Tiefe zur Literatur koncentrieren". (F 400) Diesen Kräften wage er sich aber nicht anzuvertrauen, seines körperlichen Zustands und seiner beruflichen Verhältnisse wegen. Denn der Beruf, das Büro, war für ihn „oben im Leben", das Schreiben aber habe das „Schwergewicht in der Tiefe". (F 412f.)

War die Nacht die Zeit Kafkaschen Schaffens und *Tiefe* im konkreten, mehr noch im übertragenen Sinne, sein Ort, so kennzeichnet *Feuer* im Sprachgebrauch dieses Autors den schöpferischen Vorgang selbst. Der eigentliche Prozeß des Schreibens war für ihn vor allem mit der Vorstellung des Feuers verbunden; eine ausgeprägte Feuer-Metaphorik läßt sich denn auch in Tagebuch- und Briefstellen deutlich erkennen. Zwar gebraucht Kafka das Wort *Feuer* gelegentlich in der konventionellen Bedeutung: beim Schreiben „ins Feuer gerathen" (F 147), *Feuer* hat indes in seinem Sprachgebrauch eine eigentümlichere Bedeutung. Es kennzeichnet den außerordentlichen geistig-seelischen Zustand des Autors während des inspirierten Schaffens, kennzeichnet die Tätigkeit des begeisterten, ununterbrochenen Schreibens aus einem starken, dauernden Gefühl heraus. Besonders das Ende einer Erzählung, so bemerkt er einmal im Hinblick auf die *Verwandlung*, verlange das „Feuer zusammenhängender Stunden". (F 153)

Die Feuermetaphorik Kafkas scheint nun keineswegs etwas aus der Literatur Übernommenes, sie hat vielmehr ihren Ursprung in einem Gefühlsbereich, den er vom eigenen Schreiben her kannte. Das geht unter anderem aus einem Brief an Felice hervor, in dem er – nach vergeblichen Bemühungen, die Arbeit wiederaufzunehmen – klagt: „Man kann mich doch nicht ganz aus dem Schreiben hinauswerfen, wenn ich schon einigemal dachte, in seiner Mitte, in seiner besten Wärme zu sitzen". (F 143) Erst in der „Mitte" des Schreibens verspürt der Autor jene dem Schaffen so förderliche „beste Wärme". Hingegen entbehrt der – etwa durch Unterbrechung des Schreibens – an die Peripherie Gedrängte die Wärme jenes Feuers.

Sehr bald erkannte Kafka freilich auch die Gefahr, die ihm von jenem Feuer des Schreibens her drohte. Gewisse Veränderungen im Gebrauch der Feuer-Metapher scheinen darauf hinzuweisen, daß ihm diese Gefahr in späteren Jahren immer deutlicher wurde. Schon Mitte Januar 1913 sprach er, wie wir sahen, die Befürchtung aus, bei diesem Zustand äußerster Konzentration würde ihn das erste Mißlingen einer Arbeit in einen „großartigen Wahnsinn" ausbrechen lassen. (F 250) Während der schweren Krise des Sommers 1913 steigerte sich die Vorstellung des besessenen Schreibens zu einer ungeheuerlichen Selbstanklage: „Nur die Nächte mit Schreiben durchrasen, das will ich. Und daran zugrundegehn oder irrsinnig werden, das will ich auch, weil es die notwendige längst vorausgefühlte Folge dessen ist." (F 427) In den Jahren 1914/15 deutet sich eine Veränderung an: Erscheint ihm noch im April 1914 ein Sich-im-Schreiben-vollkommen-Ausnützen, Sich-ohne-Asche-Verbrennen (F 567) als wünschens- und erstrebenswert, so warnt das Tagebuch Anfang November 1915 vor dem „schon so oft erfahrenen Unglück des verzehrenden Feuers, das nicht ausbrechen darf [...]" (T 486), eine Warnung, die in einer Äußerung Kafkas über einen Roman von Ernst Weiß ihre Bestätigung findet: Das Feuer im Kern des Buches sei „wirkliches Element", schreibt Kafka, „um sich aber einem fremden Element vollständig hinzugeben, dazu gehört Irrsinn. (Schlaflosigkeit und Kopfschmerzen sind bloß Vorbereitung.)", fügt er – als deutlichen Hinweis auf sich selbst – hinzu. (F·658) Ähnliche Warnungen finden sich auch an anderer Stelle im Tagebuch. Warnungen vor einer Gefahr, die er übrigens für viel bedrohlicher hielt als den Ausbruch einer anderen Krankheit; und als ihn 1917 die Lungentuberkulose überfiel, deutete er sie denn auch als ein „Aus-den-Ufern-Treten der geistigen Krankheit". (Mi 50)

In den Jahren *vor* 1913/14 überwiegt in den Tagebüchern und Briefen Kafkas deutlich seine Klage darüber, daß er sich von dem schöpferischen Feuer nicht stark genug erfaßt fühle. So bedauert er beispielsweise in einem Brief vom Dezember 1912, im Laufe der letzten zehn Nächte des Schreibens habe es ihn „nur einmal fortgerissen". (F 204) Und noch Ende August 1914 notiert er ins Tagebuch, er fühle allzusehr die Grenzen seiner Fähigkeit; sie seien, wenn er nicht „vollständig ergriffen" sei, „zweifellos nur eng gezogen". (T 436) In späteren Jahren überwiegt hingegen die Angst, aus der Welt des nächtlichen Schaffens, aus jenem außerordentlichen geistig-seelischen Zustand in die Welt der empirischen Wirklichkeit nicht mehr zurückfinden zu können. Zwischen dem „vollständig Ergriffensein", das er sich beim Schreiben wünschte, und der Gefahr, die Wirklichkeit ganz zu verlieren, führte Kafkas zeitweilig nur sehr schmaler Pfad. Wenn er nämlich in späteren Jahren vom Feuer des dichterischen Schaffens spricht, so fast nur in einschränkender Weise, etwa von dem „gezügelten mächtigen Grundfeuer" des „dichterischen Wesens". (H 56) Nur zu gut kannte er die Gefahr, in die ihn der Ausbruch des schöpferischen Feuers fortzureißen drohte.

Die Frage, ob das Unbewußte – die Romantik sprach vom „Unterbewußtsein" – am dichterischen Schaffen teil hat und ob eine solche Beteiligung zulässig oder gar wünschenswert sei, wurde seit der Antike immer wieder von neuem gestellt. Die Antworten darauf wechselten von Epoche zu Epoche. Zeiten, die sich dem Geist der Aufklärung verwandt fühlten, antworteten meist verneinend, wie denn Zeiten, die sich der Romantik nahe fühlten, die gleiche Frage oft enthusiastisch bejahten. Gewiß ist hier jeder Anspruch auf Ausschließlichkeit fehl am Platze, und so kann es sich sinnvollerweise nur um die Frage handeln, welche der beiden Komponenten – die rationale oder die irrationale – in dem einen oder anderen Falle überwiege. Denn weder gibt es ein künstlerisches Schaffen „rein" aus dem Unbewußten heraus, wie es etwa den Theoretikern des französischen Surrealismus, Breton und Aragon, vorschwebte, noch gibt es „rein" bewußtes Schaffen, auch bei „Zerebralkünstlern" nicht. Schon die Wahl des Stoffes, der Gestalten etc. wird vom Unbewußten mitbestimmt.

Kafka, für dessen Schaffensweise uns die Tiefen- und Feuermetaphorik besonders kennzeichnend schien, hätte die Frage nach der Beteiligung des Unbewußten am dichterischen Schaffen – mit Blick auf seine Texte – gewiß bejaht. Das geht schon aus dem Zusammenhang hervor, in dem er das Wort *Tiefe* gebraucht, wenn er etwas schreibt, daß sich während des Alleinseins sein Inneres löse und bereit sei, „Tieferes hervorzulassen". (T 34) Oder wenn er über die Beziehung zwischen den Namen *Bendemann* und

Kafka, Frieda Brandenfeld und *Felice Bauer* schreibt, das seien „natürlich lauter Dinge", die er „erst später herausgefunden" habe; während des Schreibens sei ihm das also nicht bewußt gewesen. (F 394) Diese Betonung der am Schreiben beteiligten Kräfte des Unbewußten mag indessen einen unrichtigen, zumindest aber einen ungenauen Eindruck vom Schaffen des Prager Autors vermitteln. In Wahrheit verhielt es sich wohl anders: Zwar wirkten bei der Entstehung vieler seiner Arbeiten die Kräfte des Unbewußten mit, zugleich aber bedurfte es jenes *Feuers,* in dem die „fremdesten Einfälle [...] vergehn und auferstehn", jener höchsten Konzentration, die den Umformungsprozeß erst ermöglicht. Eine solche Art des Schaffens verlangt gleichsam zweierlei: den ständigen Zugang zu den „tiefern Quellen" des Unbewußten und zugleich das zum Formen und Gestalten nötige Höchstmaß an Bewußtheit. 1911 heißt es einmal in Kafkas Tagebuch: „Ich habe jetzt und hatte schon nachmittag ein großes Verlangen, meinen ganzen bangen Zustand ganz aus mir herauszuschreiben und ebenso wie er aus der Tiefe kommt, in die Tiefe des Papiers hinein [...]." Das aber sei, fügt Kafka warnend hinzu, „kein künstlerisches Verlangen". (T 185) Und in einem Brief an Oskar Pollak schreibt er: „Die Kunst hat das Handwerk nötiger als das Handwerk die Kunst. Natürlich glaube ich nicht, daß man sich zum Gebären zwingen kann, wohl aber zum Erziehen der Kinder."[1] Eine treffende Formel für die Eigenart Kafkaschen Schaffens fand Dieter Hasselblatt, als er seinem Buch den Titel gab: *Zauber und Logik*[2]. Denn sicher gibt es nur wenige Autoren, in deren Werk so vollkommene Übereinstimmung herrscht zwischen Unbewußtem und Bewußtem und in deren Werk irrationale und rationale Elemente eine so unauflösbare Verbindung eingegangen sind. Und gewiß gibt es auch nur wenig, in deren Werk das Irrationale im Grunde nichts Willkürliches hat, sondern bedingungslos einer inneren Wahrheit zu folgen scheint.[3]

---

[1] Mitgeteilt von Max Brod, *Franz Kafka. Eine Biographie*, a.a.O., S. 76.
[2] D. Hasselblatt, *Zauber und Logik. Eine Kafka-Studie*, Köln 1964.
[3] Diese innere Wahrheit ließe sich, so formuliert es Kafka einmal, „niemals allgemein feststellen", sondern werde „immer wieder von jedem Leser oder Hörer von neuem zugegeben oder geleugnet" werden müssen. (F 156)

„In Prosa dichten ist darum so schwer", schreibt Hugo von Hofmannsthal, „weil sich bis ins Atom hinein der Enthusiasmus und die ratio vermählen müssen."[1] Kafka kannte die Schwierigkeiten einer solchen Vermählung, vor allem wußte er, welcher Anstrengung es bedurfte, die Verbindung zwischen beiden für die Dauer der Arbeit an der jeweils entstehenden Dichtung aufrecht zu erhalten, allen inneren und äußeren Störungen zum Trotz. Gelang ihm aber dieses „In-Prosa-Dichten", wie etwa im *Urteil*, dann nannte er das Werk bezeichnenderweise „mehr Gedicht als Erzählung" oder „mehr gedichtmäßig als episch". (Br 148f.)

Daraus wird deutlich, welchen Schwierigkeiten sich ein Autor wie Kafka beim Romanschreiben gegenübersah. Jenes Höchstmaß an Konzentration, das er zum Schreiben brauchte, war verständlicherweise kaum ein paar Tage, nie aber über Wochen und Monate zu erhalten. Und so erklären sich denn auch die vielen Klagen über die Unzulänglichkeit seiner Arbeit an seinem ersten Roman *Amerika (Der Verschollene)*. Auf den Prozeß-Roman, den er im August 1914, etwa drei Wochen nach der Lösung des ersten Verlöbnisses mit Felice Bauer, zu schreiben begann und den er in kaum mehr als einem halben Jahr zum Abschluß brachte, vermochte er sich freilich viel stärker zu konzentrieren. Ja in der zweiten Jahreshälfte 1914 verwirklichte sich fast jene phantastische Lebensweise, die Kafka in dem zitierten Brief über den beim Licht seiner Lampe schreibenden Kellerbewohner dargestellt hatte. Tatsächlich kam er während dieses Halbjahres kaum mit Freunden oder Bekannten zusammen. Während eines vierzehntägigen Urlaubs aber verschloß er sich einmal ganz von der Welt und schrieb, Nacht für Nacht, wie er sich's zuvor erwünscht hatte, im „Feuer zusammenhängender Stunden".

---

[1] H. v. Hofmannsthal, *Aufzeichnungen*, (Frankfurt a.M. 1959), S. 209.

II

Die Romantik wäre, so vermuten wir, Kafkas Art des dichterischen Schaffens mit größtem Verständnis begegnet. Blicken wir indes von Kafka auf die Romantik zurück, so werden wir sicher zögern, von einem *Nachleben* dieser Epoche im Erzählwerk oder in den Aphorismen dieses Autors zu sprechen. Ein *Nachwirken* ihrer Kunstanschauung auf das 20. Jahrhundert und also auch auf Kafka ist hingegen nicht auszuschließen. Die Romantik stand nun einmal der Wiege der deutschen Literaturwissenschaft zu nahe, als daß ihre Ideen von der Dichtkunst, insbesondere von der Entstehung des dichterischen Kunstwerks, nicht über ein Jahrhundert hätten fortwirken können.[1] Freilich, dieses Erbe der Romantik hätte nicht nur Geltung für Kafka, sondern würde genauso für einen Autor wie etwa Alfred Döblin gelten. Während sich aber Döblin ganz bewußt von den Kunstanschauungen der Goethezeit distanzierte und statt dessen an den Naturalismus anknüpfte, gab es bei Kafka eine theoretische Auseinandersetzung dieser Art nicht.

Weder die Tagebücher noch die Briefe Kafkas lassen darauf schließen, daß sich der Prager Autor besonders intensiv mit den Dichtern der deutschen Romantik beschäftigte. Nur wenige ihrer Namen finden sich dort, und selbst die nur selten. (Eine mögliche Ausnahme bildet hier Kleist, den Kafka allerdings mit Begeisterung las, dem er sich in vielem verwandt fühlte und dessen Werk nachdrücklich, bis in den Erzählstil hinein, auf ihn gewirkt hat. Kleist wird man indes nicht eigentlich zu den Dichtern der Romantik zählen.) Kafka schätzte Justinus Kerner, besonders dessen Gedicht *Der Wanderer in der Sägemühle*, und vor allem Eichendorff, von dem er *O Täler weit, o Höhen!* lobt. (Mi 258f.) Doch so sehr Kafka Eichendorff bewundert haben mag – an ihn dachte er vielleicht, als er von jenem Schriftsteller sprach, der, anders als er selbst, „im Sonnenlicht Geschichten schreibt" (Br 384) – ein Einfluß Eichendorffs auf Kafka ist unwahrscheinlich.

---

[1] Es wäre nun im einzelnen zu untersuchen, in welchem Maße Kafkas Metaphorik des dichterischen Schaffens auf topoi zurückgeht, die aus der Vorstellungswelt der Romantik stammen.

Die Möglichkeit einer Verwandtschaft zwischen Kafka und der Romantik erwägt u.a. Dieter Hasselblatt.[1] Eine gewisse Ähnlichkeit sieht er in dem Sinn des Wortes *zaubern* bei Kafka und Eichendorff. Auf Grund eines Vergleichs zwischen Tagebuchnotizen Kafkas und Eichendorffs bekanntem Vierzeiler „Wünschelrute" versucht Hasselblatt eine Differenzaussage: Die Romantik wecke mit dem dichterischen Zauberwort „die ‚in allen Dingen' als immanente Latenz harrende Ur-Poesie". Bei Kafka hingegen wecke das „richtige Wort" nicht ein „latentes Lied, ein Kunstgebilde also", es bringe vielmehr die verborgene „Herrlichkeit des Lebens" (T 544) ans Licht. Danach wäre also der Dichter derjenige, „der sich aufmacht für die Expedition zum Geheimnis der Wahrheit, um diese aus dem Unübersichtlichen einer funktionalistischen Welt freizulegen und zur Sprache zu bringen." Gewiß hat Hasselblatt hier etwas Richtiges gesehen, wenn er sich auch bei dem Versuch seiner Differenzaussage, so scheint es mir, etwas zu wörtlich an die zuvor zitierten – in ihrem Sinn keineswegs eindeutigen – Tagebuchnotizen Kafkas hält. Die Ähnlichkeit besteht nämlich ganz allgemein in der magischen Funktion, die das Dichterwort bei Kafka und bei Eichendorff erfüllt. Denn auch Kafka traf in seinen Erzählungen jenes Zauberwort, von dem Eichendorffs „Wünschelrute" spricht. Freilich mit anderer Wirkung. Natürlich erwartete er nicht – wie die Romantik –, die Welt würde zu „singen anheben". Denn das setzte Vorstellungen vom Wesen des Poetischen voraus, die wohl kaum ein Autor aus der Generation Kafkas noch mit der Romantik zu teilen vermocht hätte. Doch erwartete Kafka, das rechte Wort werde eine Welt hervorrufen, eine Welt in Erscheinung treten lassen, jene „ungeheuere Welt [...] im Kopfe" nämlich, die zu „befreien" er sich berufen fühlte. (T 306) Im Verständnis der vom Wort ausgehenden Wirkung, in der Vorstellung des beschwörenden, das rechte Wort treffenden Schreibens gibt es fraglos eine Berührung zwischen Kafka und der Romantik. Und möglicherweise meinte Kafka diese Wirkung, als er von seiner Erzählung *Das Urteil* sagte, sie brauche „freien Raum" um sich, denn sie sei „mehr Gedicht als Erzählung". (Br 148)

---

* Hasselblatt, *Zauber und Logik*, a.a.O., S. 115ff.

Eichendorffs Zeile „Und die Welt hebt an zu singen" lenkt unsere Aufmerksamkeit indes noch auf einen deutlichen Unterschied zwischen Kafka und dem Dichter der Spätromantik: Eichendorff war vor allem Lyriker, auch in seiner Prosa. Vorherrschende musikalisch-lyrische Elemente gibt es bei Kafka überhaupt nicht. Bei ihm gibt es weder „Stimmungen" noch ein „Einstimmen" der Welt, weder im erzählerischen Werk noch in Tagebüchern oder Briefen. Einen lyrischen Ton hören wir in der Dichtung Kafkas selten, und wenn überhaupt, so ist er – wie im Schlußsatz der *Kaiserlichen Botschaft*: „Du aber sitzt an Deinem Fenster und erträumst sie Dir, wenn der Abend kommt" – nicht eigentlich kennzeichnend für seine Prosa, sondern eher der Legenden- oder Bibelsprache nachgebildet.

Zahlreicher als die Berührungspunkte mit Eichendorff sind die zwischen Kafka und E.T.A. Hoffmann, und zwar sowohl in der Biographie als auch im Werk. Unterscheidet man nämlich in den Prosadichtungen der Romantik zwischen solchen, die – wie die Dichtungen Eichendorffs – vorwiegend emotional-stimmungshaft sind und vor allem durch den Klang der Sprache auf den Leser wirken, und solchen, die – wie die Dichtungen Hoffmanns – vorwiegend rational-phantastisch sind und vor allem durch ihre Bilder wirken, so wären Kafkas Dichtungen gewiß mit den letzteren verwandt. Freilich lassen sich in den meisten Dichtungen Kafkas die rationalen Elemente nicht von den irrational-phantastischen lösen; sie sind vielmehr im Augenblick des schöpferischen Prozesses untrennbar miteinander verschmolzen.

Auffällig sind auch die biographischen Berührungspunkte zwischen Hoffmann und Kafka. Obwohl sich Hoffmann bekanntlich auch durch seine musikalische Begabung auszeichnete, war er vor allem, wie Kafka, Augenmensch *(eidetischer Typus)*. Beiden eignete eine zeichnerische Begabung mit deutlicher Neigung zur Karikatur. Gemeinsam war ihnen überdies ein ausgeprägter Sinn für das Komische, ja auch für das Groteske und Phantastische. Ihre autobiographischen Schriften lassen erkennen, daß beide zu Zeiten von der Gefahr der Ich-Spaltung bedroht waren. Aus dieser Tendenz erklärt sich auch die Neigung Hoffmanns und Kafkas zur Ambivalenz. Hoffmann sprach in diesem Zusammenhang von seinem „chronischen Dualismus", Kafka von der „Zweiteilung" oder von den unversöhnlichen Widersprüchen, in die er sich von allem Anfang an „gespannt" sah. Sowohl Hoffmann als auch Kafka litten zeitweilig im Schlaf oder Halbschlaf unter Schreckvisionen; nicht selten fanden solche Visionen den Weg in das erzählerische Werk.[1] Sowohl Hoffmann als auch Kafka machten in ihren Tagebüchern zum Teil sehr ausführliche Aufzeichnungen über ihre Selbstbeobachtungen, besonders über ihre Phantasien und die wechselnden Zustände des Gemüts. So nimmt sich Hoffmann einmal vor: „Von heute an wird regulair Buch gehalten über die Begebenheiten des Lebens[,] die bunte Welt innerhalb der Wände des Gehirnkastens mit ihren Ereignissen mit eingerechnet."[2] Das erinnert an ähnliche Vorsätze bei Kafka und an seine Tagebuchnotiz: „Die ungeheuere Welt, die ich im Kopfe habe [...]". (T 306) Biographische Ähnlichkeiten dieser Art, vor allem aber Ähnlichkeiten in den Dichtungen der beiden Autoren, haben seit dem Jahre 1916 in Darstellungen über Kafka immer wieder zu Vergleichen mit E.T.A. Hoffmann geführt und führen seit einigen Jahren auch in der Hoffmann-Literatur zu Vergleichen mit Kafka.[3]

---

[1] Beide mußten denn auch vor dem Verdacht in Schutz genommen werden, Forschungsergebnisse und Lehren der Nervenheilkunde bzw. der Psychoanalyse in ihren Dichtungen verwertet zu haben. So betont Walter Harich: „Hoffmann konnte nirgends tiefere Einblicke in die Seele gewinnen als bei sich selbst." (E.T.A. *Hoffmann. Das Leben eines Künstlers* Bd. I, Berlin (1920), S. 153) Und Selma Fraiberg hebt hervor: „If Kafka knew the world of the dream better than the rest of us, he was not indebted to Freud but to his personal suffering." („Kafka and the Dream", *Partisan Review*, Winter 1956, S. 50).

[2] E.T.A. *Hoffmanns Tagebücher und literarische Entwürfe*, Mit Erläuterungen und ausführlichen Verzeichnissen, herausgegeben von Hans von Müller, Bd I, Berlin 1915, S. 19.

[3] Oskar Walzel erwähnt als erster in einer der frühesten Kafka-Rezensionen den Namen E.T.A. Hoffmann. („Logik im Wunderbaren", *Berliner Tageblatt*, 6. Juli 1916; Wiederabdruck in: *Kafka-Symposion*, Berlin 1965, S. 140ff.) Georg Lukács vergleicht den „Realisten" Hoffmann mit dem „Avantgardisten" Kafka. (*Wider den mißverstandenen Realismus*, Hamburg 1958, S. 55f.) Unterscheidet sich bei Lukács der „Realismus" Hoffmanns vorteilhaft vom „nihilistischen Avantgardismus" Kafkas, so betont Max Brod, daß sich Kafka durch die *Richtung* seines Strebens deutlich von den „genuinen Dekadenten" wie Hoffmann, E.A. Poe und Baudelaire unterscheide. (*Über Franz Kafka*, Frankfurt a.M. 1966, S. 308) Die bisher genaueste Untersuchung verdanken wir Hartmut Binder, der im einzelnen aufgezeigt hat, welche Dichtungen Kafkas durch Erzählungen Hoffmanns angeregt oder beeinflußt wurden. (*Motiv und Gestaltung bei Franz Kafka*, Bonn 1966, S. 147ff.) Hingewiesen sei schließlich auf die zu weiteren Untersuchungen anregenden Bemerkungen Walter Müller-Seidels über das „Wechselverhältnis von Autobiographie und Dichtung" bei Hoffmann und Kafka. (Nachwort zu E.T.A. Hoffmann, *Die Elixiere des Teufels/Lebensansichten des Katers Murr*, München 1961, S. 667 ff.)

Von einem Nachwirken der Romantik auf Kafka wird man – über den schon erwähnten möglichen Einfluß ihrer Kunstanschauung hinaus – nur mit äußerstem Vorbehalt sprechen können. Berührungspunkte, Parallelen und Ähnlichkeiten sind indes nicht zu übersehen. Sie seien im folgenden kurz umrissen: Mit den Dichtern der Romantik verbindet Kafka eine besondere Aufmerksamkeit gegenüber dem Unbewußten und der Welt des Traumes. Mit ihnen verbindet ihn ein Sinn für die Immanenz des Geistigen in der physischen Welt oder, moderner ausgedrückt, ein Sinn für die Realität und Bedeutsamkeit des Geistig-Seelischen gegenüber einer rein empirischen Wirklichkeit. Daher das Vorherrschen des Unheimlichen oder gar Phantastischen in der Dichtung: Die Welt der empirischen Wirklichkeit wird in Frage gestellt, das mögliche Vertrauen des Lesers auf eine vordergründige Scheinwirklichkeit erschüttert. Klären aber die Romantiker ihren Lesern, häufig am Ende der Erzählung, das Unheimliche auf – wie etwa Hoffmann in den *Elixieren des Teufels* oder Tieck im *Blonden Eckbert* –, so läßt Kafka es über den Schluß hinaus in seiner Unfaßlichkeit bestehen. Der Leser soll sich nach der Lektüre nicht „ruhig umdrehn und weiterleben" können. (T 339)

Mit der Romantik verbindet Kafka – in deutlichem Unterschied zu Thomas Mann – ein ausgeprägter religiöser Sinn.[1] Er drückt sich bei Kafka nicht direkt aus, sondern indirekt, als eindringlicher Hinweis auf etwas Fehlendes, auf einen – offenbar als schmerzlich empfundenen – Mangel. Dieser Mangel und seine Folgen für das menschliche Leben werden in Erzählungen und Aphorismen immer wieder von neuem formuliert. Dichtungen dieser Art sind als Ausdruck spiritueller Sehnsucht oder gar als nicht ausgesprochene Klage über eine Gottesferne gedeutet worden. Nicht ausgesprochen, nicht artikuliert, weil nur der Mangel spürbar ist und die Konturen des zu Bezeichnenden gleichsam in der Ferne nicht mehr zu erkennen sind, sondern höchstens noch zu ahnen.

---

[1] Vgl. Hans Eichner, „Thomas Mann und die deutsche Romantik", in Wolfgang Paulsen (Hrsg.), *Das Nachleben der Romantik in der modernen deutschen Literatur*. Die Vorträge des zweiten Kolloquiums in Amherst/Mass. (Heidelberg 1969), S. 152-173, 171f.

Zu dem mit der Romantik Gemeinsamen gehören schließlich, und darin mag man ein Nachwirken sehen, einige Aspekte des dichterischen Schaffens, vor allem die Überzeugung von der Plötzlichkeit und der Unberechenbarkeit künstlerischer Inspiration und die Abneigung, das beabsichtigte Werk im voraus zu planen und zu begrenzen.[1] Vom Amerika-Roman schreibt Kafka einmal, er sei „ins Endlose angelegt". (F 86) Das deutet hin auf eine „organische" Auffassung von der Entstehung des Kunstwerks, das weder erzwungen werden kann, noch im Verlauf seiner Entstehung gezwungen werden darf. Vielmehr soll es sich im Verlauf des Schreibens aus sich selbst heraus entwickeln. Eine solche Schaffensweise führt zu vielen Fragmenten, eben in jenen Fällen, in denen sich – und Kafkas Tagebücher enthalten zahlreiche Beispiele dafür – eine Geschichte nicht entwickeln will, der „Organismus" einer Erzählung sich als nicht „lebensfähig" erweist.

Über Art und Weise künstlerischen Schaffens, vor allem über den außerordentlichen geistig-seelischen Zustand des Autors während des Schreibens, hätte zwischen vielen Dichtern der Romantik und Kafka Übereinstimmung bestanden. Und so hätte sich denn die folgende Aufzeichnung Kafkas vermutlich auch im Tagebuch eines Dichters der Romantik finden können: „Wie alles gesagt werden kann, wie für alle, für die fremdesten Einfälle ein großes Feuer bereitet ist, in dem sie vergehn und auferstehn". (T 293)

---

[1] Max Brod berichtet, Kafka kennzeichnete seine Art des Schreibens wiederholt mit den Worten: „Man muß ins Dunkel hineinschreiben wie in einen Tunnel." (*Über Franz Kafka*, a.a.O., S. 349)

Kafkas unermüdliche Rechner[1]

Bei Kafka herrscht der Gott Poseidon nicht, den Dreizack gebieterisch erhoben, über die Meere der Welt, sondern er sitzt „in der Tiefe des Meeres" – dem Beamten einer submarinen Kontroll- oder Vermessungsstation vergleichbar – an seinem Arbeitstisch und rechnet. Und da er, wie es der Stellung Poseidons nun einmal entspricht, für a l l e Gewässer verantwortlich ist, nimmt ihn seine Aufgabe unablässig in Anspruch. Ja da er in seiner Gewissenhaftigkeit auch das, was seine Hilfskräfte bereits berechnet haben, ausnahmslos noch einmal überprüft, wird ihn seine Tätigkeit voraussichtlich ein ganzes Leben lang in Atem halten. Zwar mache er, so hören wir, hie und da eine Reise zu Jupiter, aber dabei habe er „die Meere kaum gesehn, nur flüchtig beim eiligen Aufstieg zum Olymp, und niemals wirklich durchfahren". Bis zum Weltuntergang, so erfahren wir, werde er fortrechnen. Dann aber werde sich – und diese Hoffnung läßt ihn gleichsam weiterrechnen – „noch ein stiller Augenblick ergeben, wo er knapp vor dem Ende nach Durchsicht der letzten Rechnung noch schnell eine kleine Rundfahrt werde machen können". (B 97f.)[2] Bis dahin aber wird ihn seine Arbeit – wir zweifeln nicht daran – zu pausenloser Aktivität zwingen.

Kafka liebte es, bekannte Stoffe oder Motive – meist ins Negative – zu verkehren: Seine Sirenen schweigen; die seinen Prometheus strafenden Götter vergessen, der einen Sage zufolge, in den Jahrtausenden den Verrat, die Adler vergessen ihn

---

[1] Auf die Bedeutung des Themas „Rechnen" bei Kafka weist bereits mein Aufsatz „Max Brod's Kafka" (*Books Abroad* 1959, S. 389-396) hin. Ausführen konnte ich das Thema erst in dieser Arbeit; sie entstand im Winter 1968/69 während eines Studiensemesters, das ich einem Stipendium des *American Council of Learned Societies* zu danken habe.
Das Manuskript dieses Beitrags lag einem Vortrag zugrunde, den ich am 19.1.1970 am Lehrstuhl für Literaturwissenschaft der Technischen Universität Berlin hielt.
[2] Alle Verweise auf Werke Kafkas beziehen sich auf die bei Schocken Books und S. Fischer erschienene Ausgabe: Franz Kafka, Gesammelte Werke, Frankfurt am Main 1950ff. Die einzelnen Bände werden wie folgt abgekürzt: B: *Beschreibung eines Kampfes. Novellen, Skizzen, Aphorismen aus dem Nachlaß*; Br: *Briefe 1902-1924*; E: *Erzählungen*; F: *Briefe an Felice und andere Korrespondenz aus der Verlobungszeit*; H: *Hochzeitsvorbereitungen auf dem Lande und andere Prosa aus dem Nachlaß*; P: *Der Prozeß*; Sch: *Das Schloß*; T: *Tagebücher 1910-1923*.

und auch Prometheus selbst vergißt ihn; einer späteren Sage nach wird man schließlich „des grundlos Gewordenen" müde und setzt daher die Bestrafung nicht weiter fort. Ja es gibt auch ein Poseidon-Fragment Kafkas – entstanden ist es vermutlich im Frühjahr 1918 –, in dem der Meergott, seiner Meere überdrüssig, nur noch still an felsigem Gestade sitzt. Der Dreizack ist seiner Hand entfallen, und nur „eine von seiner Gegenwart betäubte Möwe" zieht „schwankende Kreise um sein Haupt". (H 128) Und in einem Fragment, das in der Handschrift der bekannten Poseidon-Erzählung des Jahres 1920 unmittelbar vorausgeht, tritt der Meeresgott mit seinem Gefolge nur noch in einer Zirkusvorstellung auf, im Rahmen einer Wasserpantomime, in der auch das Schiff des Odysseus erscheint und die Sirenen singen; am Schluß dieser Pantomime steigt eine nackte Venus aus den Fluten, womit, so bemerkt der Erzähler, „der Übergang zur Darstellung des Lebens in einem modernen Familienbad" gegeben sei. (H 304)

In der – auf derselben Seite der Handschrift – folgenden Poseidon-Erzählung verzichtet Kafka nun auf jede Art des Überganges und setzt von vornherein beide in eins: Mythos und Moderne, mythologische Überzeitlichkeit und bürokratische Gegenwart. Dabei entspricht die gegenwärtige Stellung Poseidons auf kuriose Weise seinem früherem Aufgabenkreis und seiner mythologischen Vergangenheit. Freilich, Poseidons Behausung ist nicht mehr der Palast, wie ihn Homers Meeresgott in den Tiefen der Ägäis bewohnte, sondern das schmucklose Büro einer maritimen Verwaltungsbehörde. Vor allem aber läßt Kafka seinen Poseidon eine Tätigkeit ausführen, die wir wohl nicht ohne weiteres mit der „bürgerlichen" Existenz eines Meeresgottes in Verbindung bringen würden: sein an Sisyphus erinnerndes, unaufhörliches Rechnen. Warum aber Kafka seinem Poseidon gerade diese Tätigkeit auferlegte, und warum er in dem ununterbrochenen Rechnen doch offenbar den stärksten und deutlichsten Gegensatz zu einer freien und souveränen Existenz sah, wollen wir später, auf Grund der biographischen Schriften des Autors, zu beantworten suchen.

Zunächst aber ein Blick auf die anderen Dichtungen Kafkas. Denn der unermüdlich rechnende Poseidon steht im Werk dieses Autors nicht allein, sondern hat prominente Gesinnungsgenossen: „Rechnerisch" in einem noch zu erläuternden Sinne verhält sich nämlich auch Josef K., die Hauptgestalt des vor allem im zweiten Halbjahr 1914 entstandenen Romans *Der Prozeß*. Dieser Bankprokurist und gewohnheitsmäßige Rechner verbringt seine Zeit gleichfalls, wenn auch auf andere Weise als Poseidon, mit dem Kalkulieren. Nicht die Verwaltung der Weltmeere hält ihn in Atem, seine Sorge gilt vielmehr einem unüberschaubaren Prozeß. Und diese allerdings in ihrer Endlosigkeit ähnliche Aufgabe versucht Josef K. immerfort „rechnerisch" zu lösen, d.h. mit „ruhig einteilende[m] Verstand". Sehr zu seinem Nachteil, so will es scheinen, denn wie sich bald herausstellt, handelt es sich um keinen gewöhnlichen Prozeß, sondern um einen Prozeß höchst eigentümlicher Art, und zwar im Wortsinn. Josef K. aber begreift diese Eigentümlichkeit nicht: „Der Prozeß war", so sagt er sich,

> nichts anderes als ein großes Geschäft, wie er es schon oft mit Vorteil für die Bank abgeschlossen hatte, ein Geschäft, innerhalb dessen, wie das die Regel war, verschiedene Gefahren lauerten, die eben abgewehrt werden mußten. Zu diesem Zwecke durfte man allerdings nicht mit Gedanken an irgendeine Schuld spielen, sondern [mußte] den Gedanken an den eigenen Vorteil möglichst festhalten. (P 153)

Die Möglichkeit einer eigenen Schuld schließt er von vornherein aus, den Prozeß betrachtet er als ein „großes Geschäft", also mit den Augen eines auf seinen Vorteil bedachten, kalkulierenden Geschäftsmannes. Je hartnäckiger er aber den Gedanken an eine mögliche Schuld von sich weist, je stärker er ihn aus dem Bewußtsein verdrängt – das kennzeichnet ja den Verlauf dieses geistig-seelischen „Prozesses" –, um so mehr wächst das unbewußte Schuldgefühl. Schließlich beherrscht es sein Tun und Handeln ganz und gar. Während sich noch das Bewußtsein nach wie vor dagegen wehrt, eine Schuld überhaupt in Betracht zu ziehen, hat das Unbewußte sie gleichsam längst eingestanden – und verlangt nun unerbittlich nach einer Bestrafung. Es erlaubt Josef K. gar nicht mehr, an etwas anderes zu denken als an das Gericht. Schließlich erfüllt dieses Gericht völlig sein Bewußtsein, ja es wird zum Teil seiner selbst: Ohne daß es ihn benachrichtigt hätte, erwartet er, „gleichfalls schwarz angezogen", in seiner Wohnung die Henker. Ein wenig später zieht er sie, die es sich bald erlauben können, i h n die Wegrichtung bestimmen zu lassen, mit sich zur Richtstätte hin. Was im Bewußtsein des Helden vor sich geht – das Eins-werden mit dem Gericht –, findet hier sinnfälligen Ausdruck: Mit den ihn im Polizeigriff haltenden Henkern bildet er „eine solche Einheit, daß, wenn man einen von ihnen zerschlagen hätte, alle zerschlagen gewesen wären". (P 267)

Indes, ein Erdenrest des „Rechners" ist selbst hier noch in Josef K. lebendig: „Das einzige, was ich jetzt tun kann", sagt er sich auf dem Wege zur Hinrichtung, „ist, bis zum Ende den ruhig einteilenden Verstand behalten [...]". (P 269) Erst ganz zum Schluß, unmittelbar vor der Hinrichtung, siegt, in einem verzweifelten Aufbegehren, K.s Lebenswille über den „Rechner" in ihm: „Die Logik ist zwar unerschütterlich, aber einem Menschen, der leben will, widersteht sie nicht". (P 272) Als stilles Eingeständnis seiner Schuld ist schließlich die Tatsache zu deuten, daß es Josef K. als seine „Pflicht" erachtet, die Exekution selbst an sich zu vollziehen. Sein Unvermögen, das zu tun, bedauert er als einen „Fehler".

Ein eindringliches Bild von der „rechnerischen" Existenz seines Helden vermittelt uns Kafka aber schon im vorausgehenden Kapitel („Im Dom"): Mit einer elektrischen Taschenlampe bemüht sich Josef K., ein in der Dunkelheit kaum sichtbares Altarbild zu erkennen. (P 245f.) Da er jeweils nur einen kleinen Teil des Bildes zu beleuchten vermag, muß er sich damit begnügen, es „zollweise abzusuchen". Wie der Lichtkegel der Taschenlampe jeweils nur einen kleinen Teil des Bildes erhellt, der alsdann wieder im Dunkel versinkt, so ergreift auch der Verstand Josef K.s jeweils nur einen Teilaspekt des Gerichts, nie aber vermag er das Ganze zu erfassen. Das „Rechnerische" äußert sich hier – über Josef K.s kühl-verstandesmäßige Einschätzung der religiösen Darstellung hinaus („eine Grablegung Christi in gewöhnlicher Auffassung") – in dem Bestreben, durch Addition der Teilaspekte, zur Summe, zum Gesamtbild zu gelangen.

Im Dom begegnet Josef K. schließlich dem Gefängniskaplan, der ihm eine Legende, die Legende „Vor dem Gesetz", erzählt. „Bloße Legenden ändern meine Meinung nicht", hatte er noch im 7. Kapitel abwehrend dem Maler Titorelli gesagt, als dieser ihm Legenden alter Gerichtsfälle hatte mitteilen wollen. (P 186) Der Legende des Geistlichen aber hört er aufmerksam zu, ja er fühlt sich von ihr „sehr stark angezogen". Kaum aber hat der Geistliche sie zu Ende erzählt, da leitet Josef K. auch schon ihre Auslegung ein: „Der Türhüter hat also den Mann getäuscht". (P 257) Sofort versucht er den Sinn der Legende auf eine verstandesmäßig greifbare Formel zu bringen. Und nun ergeht es ihm wie schon zuvor bei seinen stets wiederholten Versuchen, das Wesen des Gerichts rational zu begreifen: Er gerät ins Uferlose, gedanklich nicht mehr Überschaubare und ist schließlich „zu müde, um alle Folgerungen der Geschichte übersehen zu können". „Die einfache Geschichte", so heißt es ein paar Zeilen weiter, „war unförmlich geworden, er wollte sie von sich abschütteln [...]". (P 264) Allein es waren Josef K.s Fragen, s e i n e Versuche einer Exegese, welche die einfache Geschichte haben „unförmlich" werden lassen. Ihre Einfachheit verliert sie erst durch seine Reflexionen. Und zwar in dem Augenblick, in dem seine Logik auf das der Legende immanente Paradoxon trifft. Sie löst das Paradoxon nicht auf, sondern bricht sich gleichsam an ihm. Es ist, als träfen Lichtstrahlen auf eine Kugel; sie durchdringen sie nicht, sondern werden – von ihr gebrochen – in die verschiedensten Richtungen abgelenkt. In solcher Ausbreitung aber sind sie schließlich für den, von dem sie ausgehen, nicht mehr überschaubar.[1]

So stark ihn denn auch die Geschichte angezogen haben mag, Josef K. erkennt nicht, daß es s e i n e Geschichte ist, die ihm da erzählt wurde, bemerkt nicht, daß der Geistliche

---

[1] Kierkegaard, von dem sich Kafka in vielem bestätigt fühlte, schreibt einmal über den Versuch, das Paradoxon gedanklich zu bewältigen: „Diese Wanderungen des Denkens sind unendlich und hören erst auf, wenn das Individuum sie willkürlich abbricht, wenn es von der Reflexion zu etwas anderem übergeht: zur Willensbestimmung." (*Entweder/Oder*, 1. Teil, Jena 1922, S. 165) Hingewiesen sei auch auf die thematisch nah verwandte Federzeichnung Paul Klees „Grenzen des Verstandes" aus dem Jahre 1927. (Abb. s. S. 42)

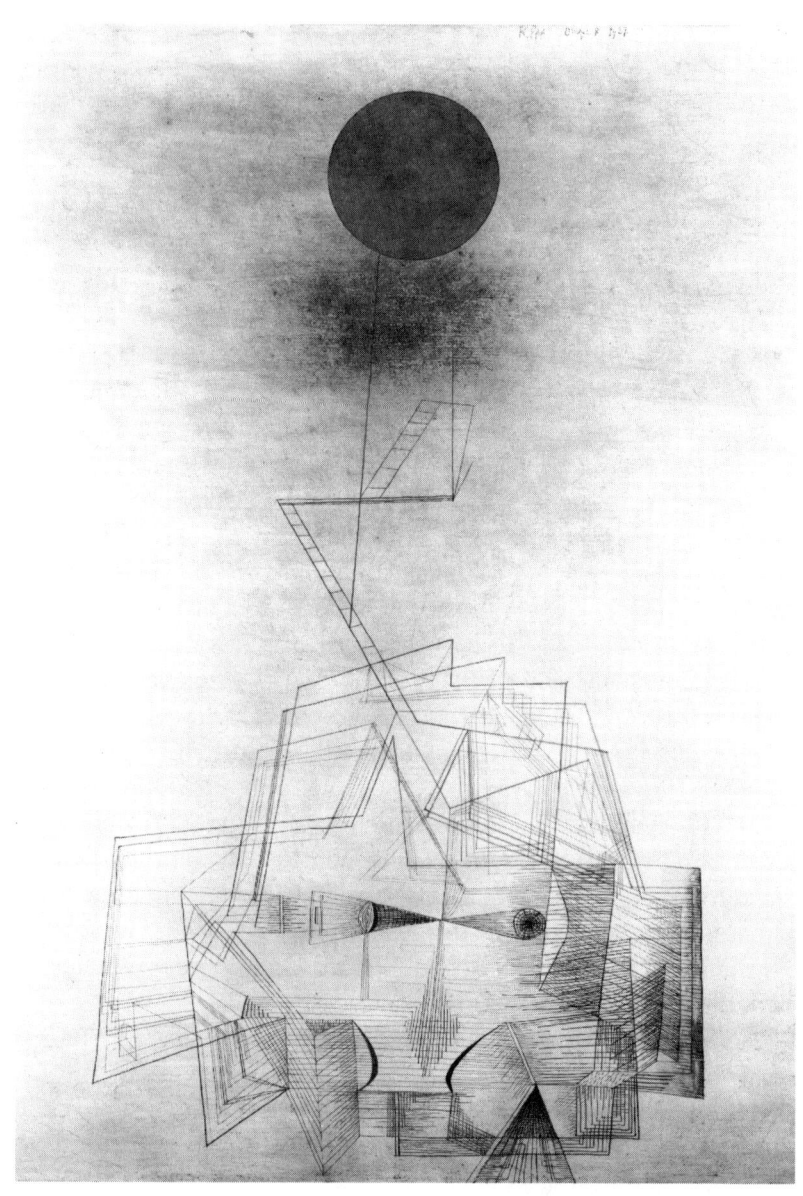

Paul Klee, „Grenzen des Verstandes", 1927, 298 (Omega 8)
56,4 x 41,5/41,7cm; Bleistift, Aquarell und Öl auf Leinwand
Staatsgalerie moderner Kunst/Bayer. Staatsgemäldesammlungen,
München, © VG BILD-KUNST, Bonn 2000

ihm auf diese Weise einen Spiegel vors Gesicht hält. Sein den Gedanken an die eigene Schuld stets abwehrendes Bewußtsein verschließt sich dieser Erkenntnis. In der Tat, Josef K. sieht nicht „zwei Schritte weit". Das hatte ihm der Geistliche zuvor von der Kanzel herab zugeschrien. „Es war im Zorn geschrien", heißt es dort, „aber gleichzeitig wie von einem, der jemanden fallen sieht und, weil er selbst erschrocken ist, unvorsichtig, ohne Willen schreit". (P 254)

Es gibt eine *Er*-Aufzeichnung Kafkas aus dem Jahre 1920, die das Dilemma der geteilten Persönlichkeit Josef K.s genau zu bezeichnen scheint:

> Er hat Durst und ist von der Quelle nur durch ein Gebüsch getrennt. Er ist aber zweigeteilt, ein Teil übersieht das Ganze, sieht, daß er hier steht und die Quelle daneben ist, ein zweiter Teil aber merkt nichts, hat höchstens eine Ahnung dessen, daß der erste Teil alles sieht. Da er aber nichts merkt, kann er nicht trinken. (B 299)

Das Bewußtsein Josef K.s entspricht gleichsam diesem zweiten Teil der geteilten Persönlichkeit. Er „merkt nichts" und ahnt höchstens jenes „geheime Gesetz der menschlichen Beziehungen", von dem Kafka einmal im Tagebuch (T 315) spricht, ahnt höchstens, daß er nach diesem Gesetz schuldig ist, vermag aber seine Schuld nicht zu erkennen. Und da die gesamte Handlung des Romans aus dem Bewußtsein Josef K.s dargestellt ist, ja sich eigentlich in diesem Bewußtsein vollzieht, erfährt auch der Leser verständlicherweise nie die Schuld Josef K.s. Nur aus dessen Versagen, aus dessen möglichen Unterlassungen vor und während des Prozesses, vermag er vielleicht auf sie zu schließen. Daß Kafka selbst aber in Josef K. – im Gegensatz zu Karl Roßmann – den Schuldigen sah, geht aus folgender Tagebuchaufzeichnung unzweideutig hervor: „Roßmann und K., der Schuldlose und der Schuldige, schließlich beide unterschiedslos strafweise umgebracht, der Schuldlose mit leichterer Hand, mehr zur Seite geschoben als niedergeschlagen". (T 481)

Zu den „rechnerischen" Gestalten Kafkas gehört aber in gewissem Sinne auch der Landvermesser K., der Held des Romans *Das Schloß*. Wie im Falle Josef K.s, so deutet auch hier der Beruf auf eine ursprüngliche Neigung zum Rechnen hin. Als Geometer will K. im Dienst des Schlosses, von dem er berufen zu sein vorgibt, Vermessungen ausführen. Wie Josef K. im Angesicht der Gerichtswelt, so sieht auch er sich bald einer rational undurchdringlichen, „mythischen" Welt gegenüber, die sich jedem Versuch, sie durch „Messungen" zu erfassen, entzieht. In dieser Welt, in der das Schloß mit einer für K. unbegreiflichen Macht über die Dorfbewohner herrscht, nützen ihm indes seine Vermessungskünste wenig. Dennoch gibt er die Versuche, sich einen Überblick zu verschaffen, nicht auf. Ironischerweise – so scheint es zunächst – bedankt sich Klamm im 10. Kapitel des Romans brieflich für die bisher ausgeführten „Landvermesserarbeiten" und fordert K. auf, in seinem Eifer nicht nachzulassen. (Sch 174) K. faßt den Inhalt dieses Briefes als Mißverständnis auf. In gewissem Sinne aber hat er bereits in einem unvermessenen Gebiet, in dem noch Urzustände herrschen, Vermessungen vorgenommen, hat er bereits im Dorf seine trigonometrischen Punkte errichtet, im Brückenhof, im Herrenhof, im Schulhaus; ohne daß es ihm indes gelungen wäre, den geometrischen Wert des Schlosses – und nur darauf kommt es ihm letztlich an – zu ermitteln. Wie Josef K., so glaubt auch der Landvermesser, auf seinem Recht beharren zu dürfen, bis zur höchsten Instanz vorgelassen zu werden, sich dort Gehör zu verschaffen und das „große Mißverständnis" aufzuklären.[1]

Unter den von Kafka gestrichenen Stellen des Schloß-Romans gibt es zwei, die ein Licht auf die „rechnerische" Tätigkeit des Landvermessers werfen. Es ist das Fragment aus dem Protokoll des Dorfsekretärs Momus und die anschließende Beschreibung des Blattes, auf dem das Protokoll steht. Im Protokoll heißt es nämlich: „Nur aus Berechnung schmutzigster Art hat K. sich an Frieda herangemacht und wird nicht von ihr lassen, solange er noch irgendwelche Hoffnung hat, daß seine Rechnung stimmt." (Sch 533) Am Rand des Blattes ist nun eine

---

[1] Walter Sokel spricht daher mit Recht von K.s „legalistischem Rationalismus", dem ein „autoritätstrunkener Irrationalismus" des Lehrers und, so könnte man wohl hinzufügen, überhaupt der Dorfbewohner, gegenübersteht. (*Franz Kafka – Tragik und Ironie*, München 1964, S. 401)

Zeichnung, die offenbar den kaltsinnig rechnenden Landvermesser bei seiner Tätigkeit darstellen soll: Ein Mann ist dort zu sehen, der ein Mädchen in seinem Arm hält. Über des Mädchens Schulter hinweg schaut er „in ein Papier", das er in den Händen hat und in das er „freudig irgendwelche Summen" einträgt. (Sch 497)

Dennoch kann man den Landvermesser K., wie gesagt, nur mit Vorbehalt zu den Kafkaschen „Rechnern" zählen. Denn im *Schloß* sind Held und Gegenwelt nicht mehr in demselben Maße nur Projektionen ein- und desselben (wenn auch geteilten) Bewußtseins. Den Gestalten der Gegenwelt, und daher auch dem Helden, eignet ein größeres Maß an Realität. So ist echter Konflikt möglich und also auch – darauf hat Walter Sokel hingewiesen – wirkliche Tragik. Was hingegen den Landvermesser mit seinem Vorläufer Josef K. verbindet, das sind die nie endenden Reflexionen, das ist das unaufhörliche Sich-verlieren im Durchdenken aller, auch der geringsten Beobachtungen oder Informationen.

Einen Versuch, sich durch unablässiges Durchdenken aller Möglichkeiten vor potentiellen Gefahren zu schützen, stellt die späte, förmlich aus labyrinthischen Gedankengängen gewundene Erzählung *Der Bau* dar. Über die nicht abreißenden Überlegungen des nur um seine Sicherheit besorgten Tieres heißt es darin: „Das alles sind recht mühselige Rechnungen und die Freude des scharfsinnigen Kopfes an sich selbst ist manchmal die alleinige Ursache dessen, daß man weiterrechnet." (B 174) Der Ton der Resignation ist unverkennbar. Zwar lassen sich diese „mühseligen Rechnungen" beliebig fortsetzen, sie spinnen sich gleichsam an sich selber fort, zu einem Ergebnis aber können sie nicht führen und bleiben daher Selbstzweck.

II

Was Kafka selbst unter „rechnen" verstand, welchen Vorstellungsbereich und Gedankenkreis dieses Wort in seinem Sprachgebrauch bezeichnete, lassen die biographischen Schriften des Autors erkennen. Am häufigsten erscheinen Wörter wie „rechnen" oder „Rechner" dort in seinen Tagebüchern und

Briefen, wo es um persönliche Entscheidungen geht. Das ist ohne weiteres verständlich. Denn wer sich zu entscheiden hat, möchte vorausschauend künftige Entwicklungen und Veränderungen antizipieren, möchte möglichst alles, was auf ihn zukommt, in seinen Plan „einkalkulieren". Je weiter er aber Künftiges zu überschauen bemüht ist – das ist eine bekannte, fast alltägliche Erfahrung – um so schwerer wird ihm die Entscheidung.

Als Kafka etwa siebzehn Jahre alt war, sollte für ihn ein neuer Anzug, eine Art Smoking, nach Maß angefertigt werden. Der Schneider wurde gerufen, und es war nun an Kafka zu bestimmen, welchen Schnitt der Anzug haben sollte. In Erinnerung an diese für ihn äußerst peinliche Situation – entscheiden konnte er sich nämlich nicht – schreibt er: „Ich war unschlüssig wie immer in solchen Fällen, in denen ich fürchten mußte, durch eine klare Auskunft nicht nur in ein unangenehmes Nächstes, sondern darüber hinaus in ein noch Schlimmeres fortgerissen zu werden."[1] So jedenfalls erklärt er sich später seine damalige Unschlüssigkeit. Eine klare Auskunft zu geben zögert er, aus Furcht davor, schon durch seine erste Entscheidung ins Unüberschaubare – wie von einem tosenden Strom – „fortgerissen" zu werden. Deutlicher noch kennzeichnet Kafka den Grund seiner Unentschlossenheit in einem Brief an Felice: „Hast Du jemals [...] gesehn", fragt er sie, „wie sich für Dich allein, ohne Rücksicht auf andere, verschiedene Möglichkeiten hierhin und dorthin eröffnen und damit eigentlich ein Verbot entsteht, Dich überhaupt zu rühren?" (F 289) Eine so zwiespältige Art des Sehens, eine solche „Doppelsicht" muß lähmend wirken und jede Entscheidung, selbst eine geringfügige, zur Qual werden lassen: so etwa die, welche mit seinem häufigen Wohnungswechsel innerhalb Prags (seiner Lärmempfindlichkeit wegen) verbunden war. Solche Veränderungen, schreibt Kafka, machten andere „im Halbschlaf", er aber „unter Aufregung aller Verstandeskräfte". (T 464)

Welche Ausmaße Kafkas „Rechnen" annahm, als er im August 1912 Felice Bauer kennenlernte und es nun um eine tatsächlich

---

[1] Zitiert von Max Brod aus Tagebuchblättern des Jahres 1911 in *Franz Kafka. Eine Biographie*, 3., erw. Aufl., (Frankfurt am Main 1954), S. 19.

schwerwiegende Entscheidung ging – für oder gegen die Ehe –, ist nach dem Vorhergesagten zu ahnen. Denn solange er allein blieb, konnte er jede freie Stunde seiner schriftstellerischen Arbeit widmen. In der Ehe aber glaubte, er die gefährlichste Feindin seines Schreibens zu sehen. Und so finden sich denn in den Jahren der „Heiratsversuche" in seinen Aufzeichnungen wahre Bilanzen für und wider die Ehe; z.B. die vom Juli 1913 (T 310ff.) und auch die folgende vom 20. August 1916 (H 238), also einen Monat nach dem gemeinsamen Aufenthalt in Marienbad, wo Felice und er beschlossen hatten, kurz nach Kriegsende zu heiraten:

Rein bleiben	Verheiratetsein
Junggeselle	Ehemann
Ich bleibe rein	Rein?
Ich halte alle meine Kräfte zusammen	Du bleibst außerhalb des Zusammenhangs, wirst ein Narr, fliegst in alle Windrichtungen, kommst aber nicht weiter, ich ziehe aus dem Blutkreislauf des menschlichen Lebens alle Kraft, die mir überhaupt zugänglich ist.
Nur für mich verantwortlich	Desto mehr (in) dich vernarrt (Grillparzer, Flaubert)
Keine Sorge, Konzentration auf die Arbeit.	Da ich an Kräften wachse, trage ich mehr. Hier ist aber eine gewisse Wahrheit.

Eine Woche nach dieser „Bilanz" warnt sich Kafka in einer längeren Aufzeichnung – es ist eine der leidenschaftlichsten Selbstanklagen in den Tagebüchern – vor weiteren Versuchen, auf diese Art zu einer Entscheidung zu gelangen. In dieser Aufzeichnung bezichtigt er sich unter anderem der „Sparsamkeit, Unschlüssigkeit, Berechnungskunst". Und was er unter „Berechnungskunst" verstand, wird hier besonders deutlich: jene langwierigen Überlegungen, mit denen man sich, jedes Risiko vermeidend, gleichsam an eine Entscheidung „heran-rechnet". Indes, so ermahnt er sich im weiteren Verlauf dieser Aufzeichnung: „Man kann sich nicht schonen, nicht vorausberechnen. [...] Dich bessere, der Beamtenhaftigkeit entlaufe, fange doch an zu sehn, wer du bist, statt zu rechnen, was du werden sollst." Schließlich warnt er sich vor weiteren Vergleichen mit Flaubert, Kierkegaard und Grillparzer. Als „Glied in der Kette der Berechnungen" seien solche Beispiele „gewiß zu brauchen oder vielmehr mit den ganzen Berechnungen unbrauchbar." Denn Flaubert und Kierkegaard hätten den „geraden Willen" gehabt, das sei „nicht Berechnung, sondern Tat." Allenfalls mit Grillparzer stimme der Vergleich, aber gerade Grillparzer sei doch nicht nachahmenswert, sondern ein „unglückseliges Beispiel, dem die Künftigen danken sollen, weil er für sie gelitten hat". (T 511-512)

„Flaubert und Kierkegaard [...] hatten den geraden Willen, das war nicht Berechnung, sondern Tat." Inwieweit Kafkas Urteil berechtigt ist, mag dahingestellt bleiben. Aufschlußreich ist die Entsprechung, die Kafka herstellt zwischen „geradem Willen" und „Tat" einerseits und – so dürfen wir vervollständigen – „gebrochenem Willen" und „Berechnung" andererseits. Denn den tieferen Grund für sein Unvermögen, sich zu entscheiden, glaubte Kafka in dem „vom Vater her gebrochen[en] Wille[n]" zu sehen. In späteren Jahren sprach er, die Folgen dieses Mangels noch deutlicher kennzeichnend, von jener „Willensschwäche, bei welcher der Entschluß erst dann eintreten will, wenn der Verstand alles ausgerechnet hat." Und lakonisch fügt er hinzu: „[...] was meist unmöglich ist." (Br 384) So aufschlußreich dieses Wort auch im Hinblick auf das Selbstverständnis Kafkas sein mag, so wenig sicher ist es doch, ob objektiv gesehen die von ihm genannte Willensschwäche der alleinige Grund seines „Rechnens" war. Denn vermutlich hat auch jenes für ihn so eigentümliche Denken in Widersprüchen, ja überhaupt seine ambivalente Art des Sehens seine Entscheidungsversuche erschwert. Was den Autor Kafka dazu befähigte, Held und Gegenwelt seiner Dichtung zugleich zu denken und im Werk zu vertreten, bedeutete für den Menschen Kafka eine dauernde seelische Gefährdung. Was den Autor in die Lage versetzte, das wechselnde Spiel seelischer Kräfte, ja ihren Widerstreit innerhalb der geteilten Persönlichkeit darzustellen und so das rational undurchdringliche Gewebe seiner Erzählungen und Romane zu wirken, bedeutete für den Menschen eine unerhörte, zeitweilig kaum erträgliche seelische Belastung. Und so könnte man denn die bekannte Selbstbezichtigung Kafkas „teuflisch in aller Unschuld" billigerweise umkehren in: „unschuldig in aller Teufelei". Denn Willenschwäche und jenes paralysierende Denken in Widersprüchen – „ich bin zwischen Widersprüchen eingespannt und kann mich nicht rühren, in diesen Widersprüchen war ich von allem Anfang an" (F 461) – ließen Entscheidungen, die er zudem noch mit Selbstverständlichkeit von sich forderte, zu einem furchtbaren inneren Kampf werden; ein Kampf, der ihn zunächst seelisch, später, durch die Lungenerkrankung, auch körperlich zugrunde richtete.

„Rechnerisch" sein hat bei Kafka einmal die herkömmliche Bedeutung „berechnend" sein; er selbst bezichtigte sich wiederholt des Geizes. Darüber hinaus bedeutet es aber auch „sich schonen", also mit seinen Kräften besonders sparsam umgehen, bedeutet letztlich „nicht-leben". Denn „leben" heißt ja nicht „sich schonen", sondern seine Kräfte in angemessener Weise verbrauchen; und das M a ß dessen muß ein jeder selbst bestimmen. Nicht gelebtes Leben aber kann als Versäumnis, Unterlassung, letztlich als Schuld empfunden werden. Auch die nicht getroffene Entscheidung ist ja im Grunde eine Entscheidung. Von außen gesehen wird sie jedenfalls so gewertet. Zögert der vor der Entscheidung Stehende, so wird – die thematische Nähe zum Prozeß-Roman ist erkennbar – an einem Ort gleichsam, den er nicht kennt, und zu einer Zeit, die er nicht weiß, gewissermaßen ü b e r ihn entschieden.

Kafka hat sich seiner „rechnerischen" Neigung wegen immer wieder scharf kritisiert. In einem Brief an Kurt Wolff schreibt er einmal: „ich oder der tief in mir sitzende Beamte, was dasselbe ist [...]". (Br 158) „Beamtenhaftigkeit" und „Berechnungskunst" aber sind in Kafkas Sprachgebrauch sinnverwandte Wörter; ihre gemeinsame Wurzel heißt Sicherheitsbedürfnis oder Angst. Und als Max Brod ihm einmal – kurz nach Konstatierung der Lungenerkrankung – vorwarf, er sei leichtsinnig, wies Kafka diesen Vorwurf zurück. Im Gegenteil, er sei „zu rechnerisch", erwiderte er, und dieser Leute Schicksal sage schon die Bibel voraus. Ja er selbst habe es schon (für sich) vorausgesagt, bemerkt Kafka und erinnert seinen Freund an die unheilbare Wunde des Patienten in der Erzählung *Ein Landarzt*. (Br 160)[1]

Wie Kafka den Wert des „Rechnens" bei der Beurteilung einer künftigen Verbindung zweier Menschen einschätzte, zeigt ein Brief an seine Verlobte Felice Bauer. Sie hatte ihm im Dezember 1913 geschrieben: „Wir würden beide durch eine Heirat viel aufzugeben haben, wir wollen es nicht gegenseitig abwägen, wo ein Mehrgewicht entstehen würde. Es ist für uns beide recht viel." (F 496) Kafka fand den Satz, in dem von „abwägen" und „Mehrgewicht" die Rede ist, „entsetzlich". Vielleicht ist es aber bezeichnend, daß er, der selbst dazu neigte, „Bilanzen" zu machen, sich durch solche Wendungen aus der Feder eines andern, und gar seiner Verlobten, besonders verletzt fühlte. Und so antwortet er ihr:

> Der Absatz ist allerdings schrecklich und er wäre, wenn er so rechnerisch gemeint ist, wie er dasteht, fast unerträglich. Aber trotzdem meine ich, es ist gut, daß er geschrieben wurde, es ist sogar für unsere Einigung gut, trotzdem von dem Absatz zur Einigung kein Weg zu führen scheint, denn wenn man rechnet, kann man nicht steigen. Aber das ist nur die erste Meinung, man muß sogar rechnen, Du hast ganz recht, es müßte denn sein, daß es nicht etwa unrecht, sondern sinnlos und unmöglich ist, zu rechnen. Und das ist meine letzte Meinung. (F 483)

Zwar stellt Kafka der ersten Meinung („wenn man rechnet, kann man nicht steigen") eine zweite entgegen („man muß sogar rechnen"), hebt aber durch seine letzte Meinung die zweite wieder auf; jedenfalls hält er das „Rechnen" in diesem Zusammenhang für „sinnlos" und „unmöglich". Und daß die erste Meinung seiner eigenen mehr entsprach, geht aus dem Zusammenhang hervor, in dem er „unberechenbar" und „steigend" in einer späteren Aufzeichnung gebrauchte.[2]

Nur gelegentlich schwankt Kafkas Haltung gegenüber dem „Rechnen". Das gilt sowohl für die mit dem „Rechnen" aufs engste verknüpfte Selbstbeobachtung als auch für die Beurteilung seiner Beziehung zu anderen. Einmal spricht das Tagebuch

---

[1] „Armer Junge, dir ist nicht zu helfen", sagt sich der Arzt. „Ich habe deine große Wunde aufgefunden; an dieser Blume in deiner Seite gehst du zugrunde". (E 151)

[2] „[...] desto unberechenbarer, freudiger, steigender ihr Weg". (T 564)

von „unentrinnbarer Verpflichtung" zur Selbstbeobachtung (T 550), ein andermal von „Haß gegenüber aktiver Selbstbeobachtung" (T 339), die als Zwang empfunden und als unvollkommen oder lächerlich verworfen wird. Einmal erwägt er ein Heft anzulegen, um seine Beziehung zu Max Brod genauer überprüfen zu können, denn „was nicht aufgeschrieben ist, flimmert einem vor den Augen und optische Zufälle bestimmen das Gesamturteil". (T 241) Zum anderen aber weiß er, daß auch das, was man über seine Beziehung zu anderen schwarz auf weiß besitzt, von zweifelhaftem Wert ist. Denn niemals sei es möglich, so schreibt er an anderer Stelle, etwa „alle Umstände zu bemerken und zu beurteilen, die auf die Stimmung eines Augenblicks einwirken und sogar in ihr wirken". (T 340) Ja er weiß zur Genüge, daß auch menschliche Beziehungen sich nicht im voraus bestimmen lassen, weiß: „das Lebendige läßt sich nicht ausrechnen". (H 165)

Darin liegt das Quälende des für Kafka so eigentümlichen Dilemmas: die Notwendigkeit – oder gar den Zwang – zum „Rechnen" empfinden und zugleich wissen, wie schlecht es doch um die menschliche Rechenkunst bestellt ist. Denn sie versagt bei dem Versuch, das eigene Verhalten oder die Beziehung zwischen zwei Menschen im voraus zu bestimmen. Als völlig unzulänglich aber erweist sie sich bei dem Versuch, einen Zusammenhang zu denken zwischen der empirischen Wirklichkeit unserer physischen Welt und der metaphysischen des Jenseits: „Welche Unvereinbarkeit liegt zwischen dem sichtbar Menschlichen und allem andern! Wie folgt aus einem Geheimnis immer ein größeres! Im ersten Augenblick geht dem menschlichen Rechner der Atem aus". (T 338)

Doch auch diese Erkenntnis setzte, wie gesagt, der persönlichen Notwendigkeit zum „Rechnen" kein Ende. Das Fruchtlose solchen sich gleichsam im Kreis bewegenden Reflektierens spricht aus einer Aufzeichnung, die wahrscheinlich aus dem Jahre 1917 stammt; sie könnte sowohl zur Poseidon-Geschichte gehören als auch zu dem Zyklus der stark autobiographischen *Er*-Aufzeichnungen.

> Er saß über seinen Rechnungen. Große Kolonnen. Manchmal wandte er sich von ihnen ab und legte das Gesicht in die Hand. Was ergab sich aus den Rechnungen? Trübe, trübe Rechnung.

Ein Leben lang begleiteten Kafka jene unaufhörlichen pro- und contra-Überlegungen, jene „trüben, trüben Rechnungen". Zwei Jahre vor seinem Tode schrieb er einen Satz ins Tagebuch, dessen thematische Nähe zur Poseidon-Geschichte erkennbar ist und der zugleich ganz offensichtlich auch autobiographische Bedeutung hat: „In meiner Kanzlei wird immer noch gerechnet, als finge mein Leben erst morgen an, indessen bin ich am Ende". (T 574)

III

Während Poseidon an seinem Arbeitstisch in der Tiefe des Meeres fort- und fortrechnet, dem Weltuntergang entgegen, verrinnt die Zeit. Ob er wohl jene „kleine Rundfahrt", auf die er seine ganze Hoffnung richtet, noch einmal wird ausführen können? Ob es ihm noch einmal vergönnt sein wird, seine eigentliche Poseidon-Existenz – wenn auch nur annähernd – zu verwirklichen? Denn nur um eine Annäherung, die ihrer Geringfügigkeit wegen geradezu grotesk wirkt, handelt es sich ja: um „eine kleine Rundfahrt" – also die Reduzierung des majestätischen Daseins, wie es dem Meeresgott zukommt, auf den Vorstellungsbereich eines subalternen Verwaltungsbeamten.

Kafka spielt, das ist augenscheinlich, in seiner Poseidon-Geschichte wie in manchen anderen seiner Erzählungen mit den grotesk-komischen Elementen, die sich bei dem In-eins-Setzen des Disparaten ergeben. Formulierungen wie „sein göttlicher Atem geriet in Unordnung, sein eherner Brustkorb schwankte [...]" zeigen das deutlich.[1] Das schließt indes nicht aus, daß sich in der Diskrepanz zwischen dem rechnenden Verwaltungsbeamten und dem über die Meere gebietenden Gott – also der Verwirklichung der eigentlichen Existenz – auch die sehr persönliche, in manchem tragische Problematik

---

[1] Ursprünglich hatte Kafka geschrieben: „und er fing nach Luft zu schnappen", dann das Geschriebene gestrichen und durch die bekannte, „majestätische" Version ersetzt. (Für die freundliche Erlaubnis, die Handschrift zu sehen, danke ich Mrs. Marianne Steiner, London.)

Kafkas widerspiegelt.[1] Erinnert sei an die vielen Diskrepanzen im Leben Kafkas, die er selbst, wie Tagebücher und Briefe zeigen, als sehr schmerzlich empfand. Da ist einmal die stets wiederkehrende zwischen „rechnerischem" Zögern und entschlossenem Handeln. Und da ist – konkret biographisch gesprochen – die Diskrepanz zwischen dem Festhalten an der gesicherten Prager Beamtenstellung und dem Wagnis der ungesicherten aber freien Schriftsteller-Existenz in Berlin, wo Kafka die Möglichkeit zu sehen glaubte, „von Tag zu Tag zu leben, auch zu hungern, aber seine ganze Kraft ausströmen zu lassen" – statt in Prag zu „sparen". (T 372) Oder auch die Diskrepanz zwischen einem ausschließlich für sich verantwortlichen Junggesellendasein und der Verwirklichung einer gegenüber der Gemeinschaft verantwortlichen, sozialen Existenz – ob nun in der Gemeinschaft der Familie, der Ehe oder des Judentums.[2]

Doch damit haben wir die eingangs gestellte Frage, warum Kafka seinem Poseidon die Qual des unablässigen Rechnens auferlegte, schon zum Teil beantwortet: Das Beamtenhafte und jenes eigentümliche „Rechnen" verbinden den Autor mit seiner Poseidon-Figur. Und zwar ein p a u s e n l o s e s Rechnen. Denn nichts Geringeres verlangt die Kalkulation des sich ständig verändernden Meeres wie die des ebenfalls ständiger Veränderung unterworfenen menschlichen Lebens. Und zu einem endgültigen Ergebnis kommt es freilich nie, denn „das Lebendige läßt sich nicht ausrechnen". Doch im Berechnen des Unberechenbaren verbrauchen Kafkas Helden, der Bankprokurist Josef K., der Landvermesser K. und auch der „Meer-Vermesser" Poseidon, unaufhörlich ihre Kräfte.

---

[1] Daß auch andere Figuren in der Dichtung Kafkas, etwa der Jäger Gracchus, Bilder für die Existenz des Autors selbst sind, wurde schon mehrfach hervorgehoben. (Zuerst bei W. Emrich, *Franz Kafka*, Bonn 1958, S. 21.) Und auch in anderen seiner Dichtungen enthüllt sich hinter dem, was zunächst nur grotesk-komisch erscheint, unversehens ein ernster, zuweilen gar ein tragischer Sinn. So heißt es z.B. am Schluß der Erzählung *Die Sorge des Hausvaters* über das unheimliche Gebilde Odradek: „[...] aber die Vorstellung, daß er mich auch noch überleben sollte, ist mir eine fast schmerzliche." (E 172)
Für unzutreffend halte ich daher die Deutung Helmut Richters, der in der Poseidon-Geschichte „eines der bei Kafka seltenen Beispiele unbeschwerten Humors und der Zeitsatire" zu sehen glaubt. (Vgl. *Franz Kafka. Werk und Entwurf*, Berlin 1962, S. 228f.)
[2] Vgl. Kafkas Brief an Max Brod [Mitte November 1917], (Br. 194ff., bes. 194-195).

Gewiß spiegelt sich sowohl im „Rechnen" Poseidons als auch in der besonderen Art des Reflektierens der beiden Romanhelden ein Wesenszug des Autors wider; gleichwohl wäre es verfehlt, die Deutung der Poseidon-Geschichte wie die der Romane auf die persönliche Problematik des Autors einzuengen. Vielmehr kann sich beides in der Dichtung spiegeln: die persönliche Problematik des Einzelnen (in diesem Falle die des Autors) wie die einer ganzen Zeit – ungeachtet dessen, ob der Autor eine solche Spiegelung im Sinn hatte oder nicht. Ja daß sich im Werk Kafkas nicht nur die Problematik seiner Zeit, sondern mehr noch die der folgenden Generation spiegelt, erklärt wenigstens zum Teil die starke Wirkung seiner Dichtung bis in unsere Tage. Kafka glaubte übrigens, eine Verbindung zwischen sich und seiner Zeit zu sehen – freilich nur im Negativen. Das Negative seiner Zeit habe er „kräftig aufgenommen", schreibt er, das Negative einer Zeit, die ihm „sehr nahe" sei und die er deshalb „nie zu bekämpfen, sondern gewissermaßen zu vertreten das Recht habe". (H 121) Aber eben von diesem Negativen sprechen ja auch wir, wenn wir den „rechnerischen" Helden Kafkas – über den Zusammenhang mit seinem Autor hinaus – als Typus einer dem Kalkül geradezu gläubig ergebenen Zeit kennzeichnen.

Vorahnungen bei Kafka?

> Ist es möglich, daß ich die Zukunft zuerst in ihren kalten Umrissen mit dem Verstand und dem Wunsch erkenne und erst, von ihnen gezogen und gestoßen, allmählich in die Wirklichkeit dieser gleichen Zukunft komme?
>
> (F. Kafka, *Tagebücher* 16. Oktober 1916)

Daß seine Sensibilität den Dichter im besonderen Maße für Vorahnungen empfänglich macht, ist eine alte Vorstellung. Sie geht auf die Auffassung der Antike vom Dichter als Seher, als prophetischem Sänger zurück. Und sie ist, allen Bemühungen aufklärerischer Poetologen zum Trotz, bis ins zwanzigste Jahrhundert hinein lebendig geblieben. Selbst jüngere Interpretationen der Lyrik Hölderlins, Rilkes, Trakls u.a. deuten darauf hin.

Vorempfindungen, Ahnungen künftiger Ereignisse in seinem Leben scheinen auch in den Tagebüchern und Briefen Franz Kafkas Ausdruck gefunden zu haben. Und sie finden sich, erzählerisch gestaltet, in seinen Dichtungen. Die Beziehungen zwischen solchen Erscheinungen im Leben und im Werk des Prager Erzählers sind unschwer zu erkennen. Weit schwieriger zu entscheiden ist jedoch, ob wir es bei Kafka mit „echten" Ahnungen künftiger Ereignisse (im Sinne von Prophetie) zu tun haben oder mit sogenannten „Erfüllungen" vorgezeichneter und unbewußt gewünschter Begebenheiten. Die heutige Psychologie würde wahrscheinlich in manchem Ereignis, das Kafka durch Vorahnungen angekündigt glaubte, derartige „Erfüllungen" sehen. Mit letzter Gewißheit wird wahrscheinlich auch sie nicht darüber entscheiden können.

In dem kurzen Prosastück *Das Unglück des Junggesellen* – es entstand im November 1911[1] und erschien Ende 1912 in Kafkas

---

[1] „Ausgelöst" wurde die erneute Beschäftigung mit dem Junggesellen-Thema durch ein Gespräch, das der Niederschrift des später unter dem Titel *Das Unglück des Junggesellen* veröffentlichten Stücks sechs Tage vorausgegangen war. (Vgl. T 150); Kafkas Schriften werden im folgenden zitiert nach den *Gesammelten Werken*, herausgegeben von Max Brod (Frankfurt am Main 1950 ff.), und zwar mit den Siglen: Br: *Briefe 1902-1924*, E: *Erzählungen*, F: *Briefe an Felice*, P: *Der Prozeß*, T: *Tagebücher 1910-1924*.

erstem Band *Betrachtung* – nennt der Erzähler, gleichsam spielerisch seiner Vorstellung folgend, Gründe dafür, warum es „so arg" scheint, Junggeselle zu bleiben: „[...] als alter Mann unter schwerer Wahrung der Würde um Aufnahme zu bitten, wenn man einen Abend mit Menschen verbringen will, krank zu sein und aus dem Winkel seines Bettes wochenlang das leere Zimmer anzusehn [...]" und schließlich: „sich im Aussehn und Benehmen nach ein oder zwei Junggesellen der Jugenderinnerungen auszubilden."

Nach einem Absatz folgt dann die überraschende, auf die Person des Erzählers zurückweisende Wendung, Ausdruck – so will es scheinen – einer Ahnung des eigenen unerbittlichen Schicksals:

> So wird es sein, nur daß man auch in Wirklichkeit heute und später selbst dastehen wird, mit einem Körper und einem wirklichen Kopf, also auch einer Stirn, um mit der Hand an sie zu schlagen.[1]

Das Spielerische betrachtender Imagination schlägt unversehens um in den Ernst der Gewißheit: So wird es tatsächlich einmal sein.

Woher, so möchte man fragen, nimmt der Erzähler diese Gewißheit? Genauer: Woher glaubte der Diarist Kafka diese Gewißheit nehmen zu können? Denn das Stück entstammt, wie eine Reihe seiner Erzählungen, den Seiten des Tagebuchs. Mehr als zehn Jahre danach, im Januar 1922, kommentiert Kafka, wiederum im Tagebuch, jene Eintragung vom 14. November 1911 (oder eben das auf sie zurückgehende Prosastück der *Betrachtung*):

„Die Bemerkung hinsichtlich der ‚Junggesellen der Erinnerung' war hellseherisch, allerdings Hellseherei unter sehr günstigen Voraussetzungen [...]." Im weiteren vergleicht Kafka ziemlich ausführlich seine Eigenschaften und sein Leben mit denen eines unverheiratet gebliebenen Onkels, einem Sonderling, der 1921, also im Vorjahr, verstorben war. Seinen Vergleich beschließt Kafka mit den Worten: „Er war in Einzelheiten eine Karikatur von mir, im wesentlichen aber bin ich seine Karikatur." (T 558f.)

---

[1] Franz Kafka, *Betrachtung*, (Leipzig: Ernst Rowohlt 1913), S. 39-41.

Warum nennt der Kafka des Jahres 1922 seine mehr als ein Jahrzehnt zurückliegende Bemerkung über den Junggesellen der Erinnerung „hellseherisch"? Und warum spricht er von „Hellseherei unter sehr günstigen Voraussetzungen"? Aus der Antwort auf die letztere Frage sollte auch hervorgehen, warum er sich „im wesentlichen" als Karikatur jenes sonderbaren Onkels sieht.

Offensichtlich spricht Kafka hier ironisch vom Hellsehen, doch von welcher Art die Ironie ist, wird erst allmählich deutlich. Sie richtet sich nämlich gegen ihn selbst, genauer: gegen seine seelische Abhängigkeit. Denn die „sehr günstigen Voraussetzungen" für seine „Hellseherei" des Jahres 1911 glaubte Kafka offenbar seinem Vater zu verdanken. Er war es, der keine Gelegenheit vorübergehen ließ, seinen Sohn auf dessen Ähnlichkeit mit jenem Onkel mütterlicherseits, einem wenig erfolgreichen Sonderling, hinzuweisen, der es nur zum Buchhalter in der Brauerei einer Prager Vorstadt gebracht hatte. Immer wieder hatte der Vater die Befürchtung geäußert, aus dem Sohn werde „ein zweiter Onkel Rudolf, also der Narr der neuen nachwachsenden Familie, der für die Bedürfnisse einer andern Zeit etwas abgeänderte Narr". So formuliert es Kafka im Dezember 1911 im Tagebuch (T 199), also nur ein paar Wochen nach der Niederschrift jenes Prosastücks vom Junggesellen.

Hier scheint also – denken wir an die Sensibilität Kafkas – der Vater gleichsam die „sehr günstigen Voraussetzungen" dafür geschaffen zu haben, daß sich das vom Sohn Vorausgesehene in späteren Jahren erfüllen würde.[1]

Daß solche Prognosen des Vaters die Beziehungen des Sohnes zu Frauen empfindlich belasteten, ist nicht verwunderlich. Besonders deutlich wurde das während der fünfjährigen, für beide Partner oft außerordentlich qualvollen Beziehung zwischen Kafka und der „Berlinerin" Felice Bauer.

Ein „unerschütterliches Urteil" glaubte er gehabt zu haben, als er dieser Frau im Hause seines Freundes Brod zum erstenmal

---

[1] Vgl. auch den Entwurf eines Briefes aus dem Jahre 1914 an die Eltern: „Ihr vergleicht mich manchmal zum Spaß mit Onkel R. Aber gar zu weit führt mich mein Weg von ihm nicht ab, wenn ich in Prag bleibe [...]." M. Brod, *Franz Kafka, Eine Biographie*, (Frankfurt am Main 1954), S. 180.

begegnete. Das jedenfalls vertraut er eine Woche später seinem Tagebuch an. (T 285) Derartige Gewißheit überrascht bei einem Menschen, der sonst überaus unentschieden, im Urteilen eher zurückhaltend und vorsichtig war.

Vermutlich tauschten die beiden bei ihrer ersten Begegnung nicht jene „tiefen Blicke", ihre „Zukunft ahndungsvoll zu schaun". Indes scheint es, als habe Kafka schon damals auf sonderbare Art „erkannt", in welchen unlösbaren seelischen Konflikt er durch die Verbindung mit dieser Frau geraten würde. Diese Art des Erkennens zwingt jedoch nicht zu logischen Folgerungen. Und selbst wenn sie es täte, ist es fraglich, ob der solchermaßen Erkennende ihnen zu entsprechen bereit ist. Er hält sich vielleicht eher an die stille Hoffnung, es möchte vielleicht doch einen guten Ausgang nehmen. Und so beginnt er einen Monat nach der ersten Begegnung den Briefwechsel mit ihr.

Bemerkenswert ist freilich, daß drei Tage nach dem ersten Brief an Felice, in der Nacht vom 22. zum 23. September 1912, unter seinen Händen eine Erzählung entsteht, in welcher der Urteilsspruch des Vaters das Problem der Heirat des Sohnes auf seine Weise, und zwar endgültig, entscheidet.

Wie im Falle der Erzählung *Das Urteil* das Erlebnis seinen Weg in die Dichtung fand, ist bereits in zahlreichen Darstellungen geschildert worden. Vergleichsweise wenig beachtet wurde bisher in der Kafka-Literatur, wie nun, umgekehrt, die Dichtung auf das Leben des Autors zurückwirkte: d.h. Kafkas Versuche, seine Dichtung daraufhin zu überprüfen, was sie über die geistig-seelische Verfassung des Schreibers erkennen läßt. Es scheint nämlich, als habe er ihnen immer wieder Erkenntnisse über sich entnehmen wollen, Erkenntnisse, die ihm sonst nicht zuteil würden – eben weil, wie er meinte, bei seiner Arbeit des Schreibens, ähnlich wie im Traum, Unbewußtes oder Vorbewußtes in der Sprache der Symbole zum Ausdruck gelangte.

Daß Kafka seine Dichtungen auf ihre autobiographischen Beziehungen hin überprüfte, ist bekannt: „Folgerungen aus dem ‚Urteil' für meinen Fall", notiert er Mitte August 1913, also fast ein Jahr nach der Entstehung der Erzählung. Und er fährt fort: „Ich verdanke die Geschichte auf Umwegen ihr. Georg geht aber an der Braut zugrunde". (T 315) „Auf Umwegen" glaubt er die Geschichte ihr, Felice Bauer, zu verdanken. Denn einmal bedarf es natürlich der erzählerischen Umsetzung dieses Konflikts, bedarf es seiner künstlerischen Gestaltung. Die treffendere Erklärung scheint jedoch, daß nur m i t t e l b a r durch Felice, eben durch jene erste Begegnung in Prag, ein bereits in ihm angelegter Konflikt wachgerufen wurde. Denn sie repräsentierte für ihn den Typus Frau, der die Ehe als Möglichkeit für ihn in unmittelbare Nähe rückte. Damit wurde in ihm ein Kampf ausgelöst, der erst fünf Jahre später, mit dem Ausbruch der Lungentuberkulose im August 1917, ein vorläufiges Ende finden sollte.

Nicht nur der Georg Bendemann der Erzählung war an seiner Braut zugrunde gegangen. 1917 schien es Kafka, als würde auch er diesen schwerwiegenden Konflikt nicht überstehen. Denn im Verlauf dieses inneren Kampfes wurde er sich der seelischen Macht des Vaters erst ganz bewußt, jener Macht, die in der Erzählung *Das Urteil* so überraschend in Erscheinung trat. In dem berühmten *Brief an den Vater* aus dem Jahre 1919 versuchte Kafka sich Klarheit zu verschaffen, über die Relation zwischen sich, seinem Vater, der möglichen Ehe und seinem Schreiben.

Im September 1917, die Lungentuberkulose war zwar konstatiert, nichts aber sprach gegen den Erfolg der inzwischen eingeleiteten Therapie, teilt er seiner in Berlin lebenden Verlobten „ein Geheimnis" mit, an das er „augenblicklich selbst gar nicht glaube [...], das aber doch wahr sein muß": Er werde „nicht mehr gesund werden". (F 757)

Auch dieses Ereignis, den Ausbruch seiner Lungentuberkulose, glaubte Kafka vorausgesehen zu haben, und zwar in einer zu Beginn des Jahres entstandenen Erzählung: In einem Brief von Anfang September 1917, in dem er über seine Krankheit berichtet, fragt er Max Brod: „Erinnerst Du Dich an die Blutwunde im ‚Landarzt'?" (Br 160) Die entsprechende Stelle in Kafkas Erzählung lautet: „Armer Junge, Dir ist nicht zu helfen. Ich habe Deine große Wunde aufgefunden; an dieser Blume in Deiner Seite gehst Du zugrunde." (E 151)

Ahnung des Junggesellentums – die Erkenntnis der übermächtigen Vaterfigur im *Urteil*, die „Voraussage" der Lungentuberkulose in der Landarzt-Erzählung und die in einem Brief geäußerte geheime Ahnung, daß diese Krankheit keine Tuberkulose ist, die man „in den Liegestuhl legt und gesund pflegt, sondern eine Waffe, deren äußerste Notwendigkeit bleibt, solange ich am Leben bleibe." (F 757) Besonders bemerkenswert ist der Umstand, daß Kafka künftige Ereignisse seines Lebens in seinen Dichtungen glaubte „vorausgesagt" zu haben. Dahinter steht die Ansicht des Autors, er verfüge über einen besonderen Sinn für die Darstellung seines „traumhaften innern Lebens". (T 420) Und eben im Vorgang des dichterischen Schaffens komme dieser Sinn zur Geltung.

Angesichts dieser Beobachtungen scheint es gut, sich der Worte zu erinnern, die Kafka schon früh, im März 1911, an den Theosophen Rudolf Steiner richtete, der seinerzeit in Prag einen Zyklus von neun Vorträgen über „Okkulte Physiologie" hielt. Kafka, der zumindest einen Teil dieser Vorträge gehört hatte, suchte den Theosophen in dessen Hotel auf.[1] Dort teilte er ihm mit, daß sein Glück, seine „Fähigkeit und jede Möglichkeit, irgendwie zu nützen […] seit jeher im Literarischen" lägen.

Beim Schreiben, so berichtet er dem Theosophen, habe er Zustände erlebt, die den von Dr. Steiner beschriebenen „hellseherischen Zuständen" sehr nahe stünden, Zustände nämlich, in welchen er „ganz und gar in jedem Einfall wohnte, aber jeden Einfall auch erfüllte" und in welchen er sich nicht nur an seinen Grenzen fühlte, sondern an „den Grenzen des Menschlichen überhaupt". Nur die „Ruhe der Begeisterung" – Kafka vermutet, sie sei dem „Hellseher wahrscheinlich eigen" – würde ihm in jenem Zustand fehlen, „wenn auch nicht ganz". (T 57)

Beim Schreiben, bei der dichterischen Produktion also, glaubte Kafka „hellseherische Zustände" erlebt zu haben. Das erklärt, warum er seine Dichtungen auf solche Besonderheiten hin betrachtete, warum er vermutete, hier gelangten Ahnungen

---

[1] Manche Formulierung Steiners findet sich später in Kafkas Tagebuchaufzeichnungen in den Beschreibungen seelischer Zustände: Von der „geistigen Welt" war in den Vorträgen immerfort die Rede aber auch vom „Hinuntertauchen in das eigene Innere" und anderes mehr.

seiner Existenz zum Ausdruck. Daß in dieser Form der Wahrnehmung eine Gefahr lag, war ihm offenbar deutlich. Zeitweilig versuchte er, sich jenen „vereinzelten Erleuchtungen künftiger Ereignisse" bewußt zu entziehen, Erleuchtungen, von denen er schrieb, daß er sie „mehr fürchtete als verlangte". (F 280)

Ob etwas Geahntes und dann tatsächlich Eingetretenes sich ohne das Zutun des Betroffenen „ereignete" oder ob es von ihm unbewußt angestrebt wurde, wird, wie gesagt, in vielen Fällen kaum zu entscheiden sein. In einem Falle aber läßt sich zeigen, daß Kafka das später Eingetretene nicht nur vorausgesehen hat, sondern daß er offenbar selbst entscheidend zur Verwirklichung dessen beitrug, was er als Phantasie erlebt und aufgezeichnet hatte. Unter dem 6. Mai 1914 entwirft er im Tagebuch eine Szene:

> Es wurde eine Verlobung gefeiert. Das Festessen war beendet, die Gesellschaft stand vom Tische auf, alle Fenster wurden geöffnet, es war ein schöner, warmer Abend im Juni. Die Braut stand in einem Kreise von Freundinnen und guten Bekannten [...]. Der Bräutigam lehnte allein am Eingang zum Balkon und sah hinaus.
>
> Nach einiger Zeit bemerkte ihn die Mutter der Braut, ging zu ihm hin und sagte: „Du stehst hier so allein? Gehst nicht zu Olga? Habt Ihr Streit gehabt? [...] Dein Benehmen fällt ja schon auf". (T 374f.)

Einen Monat später, am 6. Juni 1914, nach der tatsächlichen Verlobung, vertraut Kafka die folgende Notiz seinem Tagebuch an:

> Aus Berlin zurück. War gebunden wie ein Verbrecher. Hätte man mich mit wirklichen Ketten in einen Winkel gesetzt und Gendarmen vor mich gestellt und mich nur auf diese Weise zuschauen lassen, es wäre nicht ärger gewesen. Und das war meine Verlobung, und alle bemühten sich, mich zum Leben zu bringen, und da es nicht gelang, mich zu dulden, wie ich war. [...] (T 384)

Als scheinbar unbeteiligter „Zuschauer" erlebt Kafka seine Verlobung, so unbeteiligt wie der Bräutigam aus der Skizze, der „allein am Eingang zum Balkon" lehnt und hinausschaut, bis die Mutter der Braut ihn auf das Peinliche seines Benehmens aufmerksam macht.

Die Verbindung zwischen der imaginierten Szene und der wirklich erlebten ist deutlich genug. Hier wird man wohl nicht von Präkognition, einem Vorhererfahren sprechen; vielmehr „erfüllt" Kafka hier in Wirklichkeit die Vorstellung, die er sich zuvor von seiner Verlobung gemacht hat. Er „gestaltet" offenbar die tatsächliche Verlobung entsprechend seiner Vorstellung.

Daß Kafka in seiner Dichtung Ahnungen und andere rational nicht erklärbare Erscheinungen ins Werk setzte, ist bekannt:

Von dem Gericht im Roman *Der Prozeß* heißt es, daß es von der Schuld angezogen werde. Daran erinnert sich Josef K. auf dem Weg zum Untersuchungszimmer. Das Zimmer mußte also, so sagt er sich, „an der Treppe liegen [...], die K. zufällig wählte". (P 49) Tatsächlich entdeckt er dann auch hinter dieser Tür eine Zusammenkunft jenes Gerichts.

Im Schlußkapitel dieses Romans sitzt K., ohne daß ihm der Besuch seiner Henker angekündigt worden wäre, ja ohne daß er etwas über deren Aussehen erfahren hätte, „gleichfalls schwarz angezogen" in einem Sessel in der Nähe der Tür und erwartet sie. (P 266) Interpretierend könnte man sagen: Das sichtbar-unsichtbare Gericht ist im Verlauf des einjährigen Prozesses so sehr in ihn übergegangen, so sehr Teil seiner selbst geworden, daß es keiner erneuten Benachrichtigung bedarf; wie man Josef K. denn auch auf dem Wege zum Richtplatz konsequenterweise erlaubt, die Wegrichtung zu bestimmen und wie er schließlich „genau weiß", daß es „seine Pflicht gewesen wäre, das Messer [...] selbst zu fassen und sich einzubohren". (P 271) Ähnliche Beispiele geheimnisvoller Zusammenhänge könnte man in anderen Dichtungen Kafkas aufzeigen und in den Tagebüchern, wo es an einer Stelle heißt: „Meistens wohnt der, den man sucht, nebenan. Zu erklären ist dies nicht ohne weiteres, man muß es zunächst als Erfahrungstatsache hinnehmen [...]." (T 521)

Zusammenfassend sei gesagt: Es ging uns nicht um die Frage, ob sich Präkognition und andere Erscheinungen aus dem Bereich der Parapsychologie am Beispiel der Person Kafka nachweisen lassen oder nicht. Aufgezeigt werden sollte indes, daß Kafka solche Erscheinungen an sich zu beobachten glaubte. Und daß die künstlerische Nachbildung solcher Erscheinungen in seiner Dichtung nicht auf literarische Vorbilder oder wissenschaftliche Literatur zurückging, sondern auf eigene Erfahrung. Kafka, der zur Welt des Traumes und damit zu seinem Unbewußten in ungewöhnlicher Nähe stand, vermutete, daß seine Dichtungen ihm Aufschluß geben könnten über sich selbst. Das gilt insbesondere für Erzählungen, die, wie *Das Urteil*, in einem tranceartigen Zustand während des nächtlichen Schreibens aus ihm hervorbrachen; er verglich diese dem planenden Verstand nur mittelbar unterworfene Art der künstlerischen Produktion gerne mit dem Vorgang der Geburt.[1] Aus solchen Erzählungen meinte er für sich „Folgerungen" ziehen zu können. Ja in der Erzählung *Ein Landarzt* glaubte er, den Ausbruch seiner Krankheit „vorausgesagt" zu haben. Auch bei der ersten Begegnung mit Felice Bauer meinte er geahnt zu haben, was diese Frau für ihn bedeuten würde.

Zum anderen dürfte aber auch deutlich geworden sein, wie sehr das, was Kafka als vorher Erfahrenes deutete, weniger ein Vorauswissen war, als das, was die Psychologen mit „Erfüllungserwartung" bezeichnen. Besonders augenscheinlich wird das im kleinen an der literarischen Vorwegnahme der Verlobungsszene in Berlin, die sich dann einen Monat später auch sehr ähnlich vollzieht. Deutlich wird es aber auch im großen an der sich über Jahre hinziehenden Junggesellen-Thematik: Kafkas „Erfüllung" der vom Vater immer wieder herausgestellten Parallele zwischen ihm und dem sonderbaren Onkel Rudolf.

Für die Gestaltung solcher Erscheinungen wie Ahnung und Vorauswissen in der Dichtung ist nicht der jeweilige Erkenntnisstand der Psychologie ausschlaggebend, sondern die – oft höchst subjektive – Auffassung des Autors. Kafka hat dort, wo er solche Erscheinungen in der Dichtung darstellte, sie nie „aufzulösen", sie nie psychologisch zu erklären versucht. So stellen sie sich in seinen Erzählungen und Romanen als etwas Geheimnisvolles dar, das sich dem Zugriff durch den „enteilenden Verstand" – nicht nur der Psychologen – immer wieder entzieht.

---

[1] Vgl. meinen Beitrag: *„Das Feuer zusammenhängender Stunden. Zu Kafkas Metaphorik des dichterischen Schaffens"*. In: W. Paulsen (Hrsg.), *Das Nachleben der Romantik in der modernen deutschen Literatur* (Heidelberg 1969), S. 177ff. Im vorliegenden Band auf den Seiten 17-35.

Kafkas Roman „Der Prozeß"

Das Janusgesicht einer Dichtung [1]

I

Kommentare und Deutungen des Prozeß-Romans seit seinem ersten Erscheinen im Jahre 1925 zeigen, daß die nachhaltige Wirkung dieser Dichtung weitgehend auf einer logischen Unauflösbarkeit beruht. Denn dieser Roman trägt – wie manche andere Dichtung Kafkas auch – ein Janusgesicht. Es lenkt den Blick des Lesers immer wieder in zwei einander entgegengesetzte Richtungen: zunächst auf die höchst fragwürdig erscheinende Behörde, von der Josef K. verhaftet wird, dann aber auf Josef K. selbst, genauer: ins Bewußtsein eines Menschen, der – jedenfalls in den ersten Kapiteln des Romans – beharrlich auf seine Schuldlosigkeit pocht, durch seine Reaktionen auf die Vorstöße des Gerichts jedoch immer wieder seine Schuld, oder zumindest seine Schuld g e f ü h l e, verrät.

Unterscheiden lassen sich also nur die beiden in deutlicher Wechselbeziehung stehenden Aspekte des Doppelgesichts: Gerichtsbehörde und der von ihr Angeklagte, Josef K. Es sind gleichsam die einander entgegengesetzten Pole, zwischen denen sich das Spannungsfeld dieses Romans erstreckt. Die Bewegungen innerhalb dieses Feldes aber lassen sich nicht allgemein festlegen, sondern werden von jedem Leser ein wenig anders aufgefaßt. Ja sie mögen sogar von ein und demselben Leser zu verschiedenen Zeiten seiner Lektüre anders gesehen werden.

Das gilt auch für die Frage, wie Kafkas *Prozeß* a u f z u f a s s e n ist – die vieldiskutierte Frage der Wirklichkeitsdarstellung in diesem Roman.[2] So mag ein Leser ihn ausschließlich als Darstellung

---

[1] Vorgetragen wurden diese Überlegungen zu Kafkas Roman erstmals in der ursprünglichen – englischen – Fassung („The two Faces of Kafka's *The Trial*") 1974 auf dem Kafka-Symposium in Philadelphia. Der Verfasser verdankt den Beiträgen zum Prozeß-Roman von Wilhelm Emrich, Heinz Politzer, Walter Sokel, Beda Allemann, Ingeborg Henel und Jost Schillemeit zahlreiche Anregungen.

[2] Vgl. z.B. Jost Schillemeit, „Zum Wirklichkeitsproblem der Kafka-Interpretation". In: *Deutsche Vierteljahrschrift für Literaturwissenschaft und Geistesgeschichte* 12 (1966), S. 577-596.

eines inneren, also geistig-seelischen Vorgangs auffassen, etwa als Strafphantasie des Helden, deren Bilder unmittelbar, d.h. ohne die Distanz schaffende Vermittlung eines Erzählers, aus der Perspektive des Erlebenden dem Leser vor Augen geführt werden. Ein anderer mag in diesem Roman einen zwar ausschließlich aus der Perspektive der Hauptfigur erzählten und daher geheimnisvoll w i r k e n d e n, im Grunde aber durchaus realen Vorgang erblicken. Für ihn wird Josef K. am Ende dieses Romans ‚wirklich' hingerichtet. Ein dritter schließlich mag in dieser Dichtung jeden Unterschied zwischen innen und außen – zwischen geistig-seelischer und empirischer Realität – aufgehoben sehen. Ihm stellt sich gar nicht die Frage nach einem solchen Unterschied, für ihn gibt es nur *eine* Realität: die Realität dieser Dichtung. Welche Wirklichkeit in diesem Roman dargestellt ist, hängt bis zu einem gewissen Grade vom einzelnen Leser ab. Dieser ‚Spiel'-raum, ohne den Dichtung, ohne den Kunst gar nicht denkbar wäre, ist in den meisten Dichtungen Kafkas, so will es scheinen, größer als bei anderen Autoren seiner Zeit – grenzenlos ist er nicht.[1]

Kafka selbst erkannte sehr genau, daß seine Dichtungen schwerlich allgemeiner, sondern stets nur individueller Deutung zugänglich sein würden, daß ihre „innere Wahrheit" stets nur vom E i n z e l n e n anerkannt oder in Frage gestellt werden würde. Über seine Erzählung *Das Urteil* schreibt er einmal, sie wäre nichts, wenn sie diese „innere Wahrheit" nicht hätte. Die ließe sich freilich „niemals allgemein feststellen", sondern müsse „immer wieder von jedem Leser oder Hörer von neuem zugegeben oder geleugnet werden". (F 156)[2] Daher ist es auch unrichtig zu meinen, Kafka habe sich um seine Leser keine Gedanken gemacht. Ihm war aber deutlich, daß er stets nur den

---

[1] Wäre er das, so könnte man Heinz Politzer zustimmen, der die Wirkung von Kafkas Parabeln mit der eines Rorschach-Tests vergleicht. Vgl. Heinz Politzer: *Franz Kafka, der Künstler*, (Frankfurt/M. 1965), S. 43.

[2] Alle Verweise auf Werke Kafkas beziehen sich auf die bei Schocken Books und S. Fischer erschienene Ausgabe: Franz Kafka, *Gesammelte Werke*, Frankfurt am Main 1950ff. Die einzelnen Bände werden wie folgt abgekürzt: F: *Briefe an Felice und andere Korrespondenz aus der Verlobungszeit;* H: *Hochzeitsvorbereitungen auf dem Lande und andere Prosa aus dem Nachlaß;* P: *Der Prozeß;* Sch: *Das Schloß*

einzelnen Leser oder Hörer würde erreichen können und daß sich wohl schwerlich eine ‚Leserschaft' zusammenfinden würde oder gar eine ‚Lesergemeinde', die eines Sinnes wäre über die „innere Wahrheit" seiner Dichtungen. Mehr als die Prosadichtungen anderer Erzähler des 20. Jahrhunderts – etwa die Thomas Manns – scheinen sich die Dichtungen Kafkas an den Einzelnen zu wenden, scheinen ihm ein ganz eigenes Leseerlebnis zuteil werden zu lassen. Die erstaunliche Vielzahl stark divergierender Interpretationen deutet darauf hin. Nun will aber Interpretation meist mehr sein als die Mitteilung einer individuellen Leseerfahrung, will den Schritt vom Besonderen zum Allgemeinen vollziehen. Dort aber beginnt die Schwierigkeit oder gar das Dilemma aller Kafka-Deutung. Denn jede Verallgemeinerung steht hier, im Sinne des Kafka-Wortes, in der Gefahr, die Wahrheit zu „überrennen", statt „ein Wort vor der Wahrheit zurückzubleiben". (H 360) So scheint es denn geboten, den Roman bewußt in der Spannung der zuvor gekennzeichneten Doppelheit zu belassen, der sich mancher Leser, wenigstens zunächst, ein wenig ratlos gegenübersieht. Anstatt diese Spannung vorzeitig nach der einen oder anderen Seite hin „aufzulösen", sollen die beiden gegeneinander stehenden Aspekte herausgearbeitet und ihre Bedeutung für die Interpretation des Romans gekennzeichnet werden. So wird manches an der vielfältigen Rezeption dieses Textes seit 1925 erklärlich, wird ersichtlich, warum sich Interpreten für die eine oder die andere Richtung entschieden oder doch der einen oder der anderen das größere Gewicht gaben. Denn diese Entscheidung scheint grundsätzlicher Art und liegt offenbar noch v o r einer inhaltlichen Auffüllung der ‚Leerstellen' des Romans, in der Absicht, ihn auf eine bestimmte Weise – unter philosophischen, religiösen, psychoanalytischen oder gesellschaftskritischen Gesichtspunkten – zu interpretieren.

II

Vier Jahre vor dem Erscheinen des Buches, also noch zu Lebzeiten Kafkas, vermittelte Max Brod dem Leserpublikum der *Neuen Rundschau* erstmals einen Eindruck von diesem Roman. In seinem Aufsatz „Der Dichter Franz Kafka"[1] beschreibt er den *Prozeß* als den „Verzweiflungskampf eines Menschen gegen einen unsichtbaren Gerichtshof, der ihn mit seinen geheimnisvollen Vorladungen, mit einem geradezu unübersehbaren Apparat von Beamten, Vorschriften, Einrichtungen an sich lockt, festhält, verurteilt und tötet". Weiter erfährt der Leser, es handle sich in diesem Roman um einen Gerichtshof, der „seltsamerweise immer nur an den subalternsten, geringgeschätztesten Stätten des Lebens, in einer Rumpelkammer, in Dachböden von Vorstadthäusern usw. magische Äußerungen seines Daseins manifestiert, eine Behörde, bei der der Held [Josef K.] trotz aller Bemühungen nur immer untergeordnete, nicht einmal besonders honette Organe kennen lernt ... und dennoch die Majestät, die unwidersprechliche, wenn auch gerne zurückgedrängte Hoheit des Gerichts. Hier gehen mir die Worte aus".

Mit diesem Roman habe Kafka, wie Brod es im „Neudeutsch" der frühen zwanziger Jahre ausdrückt, das „Standard-Work" der Gewissenszweifel geschaffen. „Nicht nur reden und denken die Menschen Gewissensqual – die ganze Szenerie ist Gewissensqual, die Häuser, die Requisiten, das Wetter [...]." Und dennoch, betont Brod, „bei aller Verzweiflung" schwebe „eine unendliche Hoffnung, ein unsichtbares Himmelsgewölbe gleichsam, über diesem Buch [...]."

Zum einen hören wir von einem Gerichtshof in Rumpelkammern und Dachböden mit „wenig honetten Organen" – zum anderen von der „Majestät", von der „unwidersprechlichen Hoheit" dieses sonderbaren Gerichts. Wir erfahren einmal vom „Verzweiflungskampf" eines Menschen gegen diesen unheimlichen Gerichtshof, zum anderen von „Gewissensqual" und „Gewissenszweifel". – Gewissenszweifel angesichts einer so fragwürdigen Behörde?

---

[1] *Die Neue Rundschau* 32 (1921), S. 1210-1216.

Schon diese frühe Schilderung des Romans, Jahre bevor er der Öffentlichkeit zugänglich wurde, läßt eine gewisse Hilflosigkeit diesem Werk gegenüber erkennen. Ja in dieser frühen Skizze deutet sich bereits das Janusgesicht einer Dichtung an, die in ihrer Gesamtheit zu erfassen sich die Interpreten noch Jahrzehnte später immer wieder bemühen sollten.

Hatte Brod im Nachwort zur ersten Ausgabe des *Prozeß* Ende Februar 1925 auf jeden Hinweis zur Deutung des Romans verzichtet, so klagt er bereits im Dezember 1926 (im Nachwort zum *Schloß*) über „krasseste Fehldeutungen" in den Rezensionen, darunter die Auslegung, es sei dem Autor dieses Romans darum zu tun gewesen, die „Mißstände der Justiz zu geißeln". Derartigen Mißverständnissen seitens „flüchtiger oder weniger begabter Leser" entschließt er sich nun doch, seine eigene Deutung entgegenzuhalten: In den Romanen *Der Prozeß* und *Das Schloß* seien je „eine der beiden Erscheinungsformen der Gottheit (im Sinne der Kabbala) – Gericht und Gnade – dargestellt". (Sch 526-538)

Es erscheint uns fraglich, ob die zahlreichen, oft einander widersprechenden Deutungen des Prozeß-Romans allein auf die Flüchtigkeit oder die mangelnde Begabung der Interpreten zurückzuführen sind. Auch deren vermeintliche Neigung zur Spekulation erklärt wenig. Die Vielzahl der Deutungen ist, so vermuten wir, in der Eigenart dieses Romans selbst begründet. Denn die Geschichte von der Heimsuchung des Bankprokuristen Josef K. durch ein „unsichtbares" Gericht – soviel man auch die Fiktionalität der hier dargestellten Wirklichkeit beschwören mag – fordert doch offenbar jeden Leser zur Auslegung heraus. Ja sie zieht ihn unwillkürlich in das Geschehen hinein und zwingt ihn gleichsam, an den sich immer weiter ausbreitenden Reflexionen der Hauptfigur teilzunehmen. Mehr noch, sie weckt in ihm – zumindest anfangs – die Hoffnung, er, der Leser, vermöchte m e h r zu erkennen als der seinem berechnenden Verstand blind vertrauende Bankprokurist. Die streng gewahrte Erzählperspektive erlaubt es dem Leser aber nicht – so muß dieser bald feststellen –, einen Blick über den Gesichtskreis des Helden hinaus zu tun. Und so sollte man es ihm weder als Mangel an Scharfsinn noch an Aufmerksamkeit auslegen, wenn er – ähnlich wie der Held – in einen Kreis nicht abreißender Spekulationen gerät.

III

Überblicken wir die Vielzahl der Mutmaßungen über Josef K., so fallen zunächst die zahlreichen Deutungen auf, welche das Gericht für eine Institution der bürokratisch verwalteten, dem Menschen entfremdeten Welt halten. Darin sind dem Zufall oder gar der Willkür Tür und Tor geöffnet. Die – allzu zeitgemäße – Verfilmung des Romans durch Orson Welles war ein besonders augenfälliges Beispiel dieser Auffassung: Josef K. erscheint hier als Opfer eines unmenschlichen Behördenapparats.

Daß der Bankprokurist K. „einem unentwirrbaren Rechts- und Instanzensystem zum Opfer fällt", ist auch die Ansicht des in der DDR erschienenen *Lexikons deutschsprachiger Schriftsteller*.[1] Ähnliche Deutungen gingen voraus. Sie glaubten in der Darstellung der Behörde – das lag angesichts der Biographie Kafkas nahe – Parallelen zur Beamtenhierarchie im alten Österreich-Ungarn zu erkennen. Verständlicherweise waren diejenigen, die (wie Georg Lukács und Ernst Fischer) selbst in der Donaumonarchie gelebt hatten, die ersten, die solche Parallelen zu erkennen glaubten. Andere Interpreten erinnerte die Verhaftung Josef K.s an die ihnen aus jüngerer Zeit noch deutlichen Verhaftungen bei Nacht und Nebel. So fragt z.B. Max Brod mit Blick auf den Anzug des eintretenden Wächters im November 1933 in einer Prager Zeitschrift: „Ist hier nicht wörtlich die Erscheinung eines SS-Mannes, wie er erst heuer in Funktion trat, vorausgenommen?"[2] Wie sehr der Zeitgeist, wie stark das Bewußtsein einer Epoche an der Interpretation von Dichtung teilhat, wird am Beispiel Kafkas besonders deutlich. Daß man im Europa der dreißiger und vierziger Jahre in Josef K. vor allem den unschuldig Verfolgten sah, nimmt nicht wunder. Auch Heinz Politzers Deutung des Romans unter dem Titel „Der Prozeß gegen das Gericht"[3] ist ein Beispiel für die Auffassung, die in Josef K. ein Opfer des Behördenapparats sieht.

---

[1] Günter Albrecht, Kurt Böttcher, Herbert Greiner-Mai, Paul Günter Krohn, *Lexikon deutschsprachiger Schriftsteller von den Anfängen bis zur Gegenwart*, 2. überarb. Aufl., Leipzig 1972.
[2] M[ax] B[rod], „Eine Vision Franz Kafkas". In: *Selbstwehr* 27, Nr. 48 (24.11.1933), S. 3.
[3] Heinz Politzer, *Franz Kafka, der Künstler*, (Frankfurt/M. 1965), S. 254f.

IV

Daß die Dichtungen Kafkas von der metaphorischen Kraft des einzelnen Wortes leben und von der Vielfalt seiner Bedeutung, ist mit Recht hervorgehoben worden. Das gilt in diesem Roman vor allem für die so zentralen Begriffe ‚Gericht' und ‚Prozeß'. ‚Gericht' bezeichnet im Deutschen einmal die T ä t i g k e i t und den V o r g a n g, wird also im Sinne von ‚Gerichthalten', ‚zu Gericht sitzen über' gebraucht. Darüber hinaus bezeichnet es aber auch die r i c h t e n d e K ö r p e r s c h a f t und schließlich auch das G e b ä u d e, in dem Gericht gehalten wird. In Kafkas Roman meint ‚Gericht' sowohl die Tätigkeit und den Vorgang wie die richtende Körperschaft, bezeichnenderweise aber nie das lokalisierbare, den Bürgern der Stadt allgemein bekannte Gebäude. Dieses Gericht – davon wird noch zu reden sein – hat offenbar keinen „bestimmten Wohnsitz", sondern tagt an den verschiedensten, für ein Gericht im landläufigen Sinne, ungewöhnlichsten Orten der Stadt. Dieses „unsichtbare Gericht" – von einem solchen spricht Kafka am 20. Dezember 1910 einmal im Tagebuch – scheint überall zu sein und gerade dort, wo es der Angeklagte am wenigsten erwartet.

Ist ‚Gericht' zu Anfang des Romans nicht mehr als ein Wort, so beginnt es sich im Verlauf der Handlung immer weiter als Metapher zu entfalten, tritt also in sinnlich-anschaulichen Bildern immer mehr in Erscheinung. Auf welche Weise der Autor diese Entfaltung ins Werk gesetzt hat, wie das Gericht in der Bedeutung von r i c h t e n d e K ö r p e r s c h a f t in Erscheinung tritt, sei im folgenden ausgeführt.

Zunächst begegnen wir nur zwei seiner Wächter und dem Aufseher, später dem Untersuchungsrichter und seinen Ratgebern. Bereits im Kapitel ‚Erste Untersuchung' vermutet Josef K. „hinter allen Äußerungen dieses Gerichts [...] eine große Organisation", eine Organisation, die „bestechliche Wächter, läppische Aufseher und Untersuchungsrichter" beschäftigt und eine Richterschaft „hohen und höchsten Grades" unterhält mit einem Gefolge von „Dienern, Schreibern, Gendarmen und anderen Hilfskräften, vielleicht sogar Henkern". (P 61) Das Bild, das Josef K. hier von der Gerichtsbehörde – als bloße Vermutung – entwirft, wird sich im Verlauf seines Prozesses Schritt für Schritt erfüllen. Nach und nach lernt er alle Funktionäre dieser Behörde kennen: einen Gerichtsdiener, einen Auskunftgeber (P 88), einen Prügler, einen Jura-Studenten und künftigen Richter, einen Armenadvokaten, einen Kanzleidirektor, einen Maler und „Vertrauensmann" des Gerichts (P 178), den Gefängniskaplan und schließlich gar die Henker. So bekommt er die verschiedensten Vertreter aus dem Gefolge der Richterschaft zu Gesicht – nie aber die Richterschaft selbst. Ob sich die hohen Beamten nun absichtlich seinen Blicken entziehen, sich ihm nicht „zu zeigen gewagt" hatten, wie er noch im Prügler-Kapitel (P 110) vermutet, oder ob es ihm einfach nicht gelingt, zu ihnen vorzudringen, ist nicht zu entscheiden. Jedenfalls sieht er immer nur die unteren und untersten Stufen dieser offenbar hierarchisch aufgebauten Behörde. Über die „Rangordnung und Steigerung" des Gerichts erfährt er vom Advokaten, sie sei „unendlich und selbst für den Eingeweihten nicht absehbar". (P 144)

Diese Institution zeigt sich Josef K. gegenüber mit all den negativen Aspekten einer hierarchisch strukturierten Behörde. Dazu gehören eine Servilität der Untergebenen bis zur völligen Entwürdigung ihrer selbst und eine schrankenlose Willkür der Vorgesetzten. Von ihren Befugnissen machen die Beamten nicht aufgrund ihrer Fähigkeit und Kompetenz Gebrauch, sondern lediglich aufgrund ihrer Stellung innerhalb der Institution. Ein offenbar lückenloses System von Abhängigkeiten erlaubt dem Vorgesetzten jede Eigenmächtigkeit. Wäre er nicht so abhängig, erklärt der Gerichtsdiener Josef K., er hätte den – ihm durch seine künftige Richter-Position schon jetzt übergeordneten – Studenten „längst [...] an der Wand zerdrückt". Davon „träume" er immer. (P 78)

So fragwürdig das Verhältnis der Beamten des Gerichts zueinander erscheint, so fragwürdig stellt sich auch die Rechtsgrundlage dieser Institution gegenüber ihren Angeklagten dar. Sinnfälligen Ausdruck findet das in den Büchern des Untersuchungsrichters, den „Gesetzbüchern der Gerichts", wie K. vermutet. Sie sind – das ist zumindest sein Eindruck – mit pornographischen Zeichnungen ausgestattet. (P 64-67) Freilich, das sind Vermutungen Josef K.s. Denn einmal wissen wir nicht, ob es sich tatsächlich um Gesetzbücher handelt (als K. die Vermutung äußert, sagt die Frau des Gerichtsdieners, die ihn nicht genau verstanden hatte, nur: „Es wird so sein."), zum andern fragt es sich, ob wir K.s Deutung der Zeichnung – „die gemeine Absicht des Zeichners war deutlich zu erkennen" (P 67) – überhaupt trauen dürfen.

Zahlreiche „Hinweise" zeigen das Außergewöhnliche dieses Gerichts an. Und wenn wir auch allen Grund haben, den Beobachtungen Josef K.s mit Skepsis zu begegnen, um eine s t a a t l i c h e Institution handelt es sich offenbar nicht. Als K. den Wächtern seine Legitimationspapiere zeigen will, weisen diese sie als unwichtig zurück. Und als er einen ihm befreundeten Staatsanwalt anzurufen wünscht, fragt man ihn, welchen Sinn ein solcher Anruf wohl haben sollte, es sei denn, K. wolle eine private Angelegenheit mit ihm besprechen. Besonders aufschlußreich für die Intention des Autors ist folgender Satz (Josef K. ist im Gespräch mit dem Advokaten):

„Sie arbeiten doch bei dem Gericht im Justizpalast, und nicht bei dem auf dem Dachboden", hatte er sagen wollen, konnte sich aber nicht überwinden, es wirklich zu sagen. (P 127)

Es entbehrt nicht der Ironie, wenn Josef K. sich hier „nicht überwinden" kann, diese Frage zu stellen. Hätte er sie nämlich gestellt, so hätte er an dieser Stelle des Romans erstmals eine Unterscheidung eingeführt zwischen dem Gericht im Sinne der allgemein bekannten staatlichen Institution und dem besonderen Gericht, von dem Josef K. heimgesucht wurde. Damit hätte der Autor die offenbar beabsichtigte Mehrdeutigkeit zur Eindeutigkeit reduziert. Ganz gestrichen hat Kafka denn auch die Stelle im Schlußkapitel, wo Josef K. angesichts des sich ihm und den Henkern nähernden Polizisten flüsternd sagt: „Der Staat bietet mir seine Hilfe an [...]. Wie, wenn ich den Prozeß auf das Gebiet der Staatsgesetze hinüberspielte? Es könnte noch dazu kommen, daß ich die Herren gegen den Staat verteidigen müßte." (P 311)

Alle diese Stellen legen den Schluß nahe, daß es sich bei dem Gericht, von dem hier die Rede ist, weder um eine staatliche noch überhaupt um eine selbständige, von sich aus tätig werdende Behörde handelt. Vielmehr scheint sie doch ganz und gar von dem abzuhängen, von dessen Schuld sie „angezogen" wird: „Unsere Behörde", sagt der Wächter Willem zu K., „sucht doch nicht etwa die Schuld in der Bevölkerung", sie werde vielmehr, „wie es im Gesetz heißt, von der Schuld angezogen". (P 15) Der Leser mag zögern, den Worten dieses subalternen Wächters zu trauen, der nach eigener Aussage „nur die niedrigsten Grade" seiner Behörde kennt. Josef K. hingegen traut ihnen. Bei seinen späteren Überlegungen läßt er sich jedenfalls von der Erklärung des Wächters leiten: Auf der Suche nach dem Untersuchungszimmer in der Vorstadt erinnert er sich daran, daß das Gericht von der Schuld angezogen werde, „woraus eigentlich folgt", so heißt es weiter, „daß das Untersuchungszimmer an der Treppe liegen muß, die K. zufällig wählte". (P 49) Es scheint bereits an dieser Stelle des Romans, als sei das ganze Gericht – wie der Eingang zum Gesetz in der Türhüterlegende für den Mann vom Lande – n u r für Josef K. b e s t i m m t. Dann wäre er in der Tat jener „einzige Angeklagte" dieses Gerichts, als der er sich einmal im Halbschlaf vorkommt. (P 292)

Die Seinsweise dieses Gerichts hat Ingeborg Henel treffend gekennzeichnet: „Die Treppen tauchen sozusagen aus dem Nichts auf, wo auch nur der Gedanke an sie aufkommt".[1] Frau Henels Charakterisierung stimmt übrigens genau mit einem Bild Kafkas überein: Am Schluß des Stückes „Fürsprecher" spricht er von den Stufen, die nicht aufhören, „solange du nicht zu steigen aufhörst, [...] unter deinen steigenden Füßen wachsen sie aufwärts". Die Vorstellung erschafft sich die Welt, die Tätigkeit des Steigens erzeugt die Stufen, die Wirklichkeit des Ichs, des Bewußtseins der Hauptfigur, scheint die alles beherrschende Wirklichkeit dieser Dichtung. Ohne dieses Bewußtsein gäbe es, so will es scheinen, auch kein Gericht.

---

[1] Ingeborg Henel, „Die Deutbarkeit von Kafkas Werken". In: *Zeitschrift für deutsche Philologie* 86 (1967), S. 250-266.

In dem unvollendeten Kapitel „Das Haus" heißt es, K. habe bei verschiedenen Gelegenheiten in Erfahrung zu bringen gesucht, „wo das Amt seinen Sitz habe, von welchem aus die erste Anzeige in seiner Sache erfolgt war". Zwar nannte man ihm sogleich die Nummer des Hauses, fügte dann aber hinzu, dieses Amt habe nicht die geringste Bedeutung, sondern sei nur das „äußere Organ der großen Anklagebehörde selbst", erfülle nur eine Funktion. (P 290) Wo das Gericht selbst seinen Sitz hat, ist schlechterdings nicht festzustellen – was nach unseren bisherigen Beobachtungen allerdings verständlich ist. In der Stadt lokalisieren läßt sich das Gericht nicht, sagen läßt sich nur, wo es in Erscheinung tritt, genauer: wo es J o s e f K. erscheint.

Zur ersten Untersuchung wird K. in ein Arbeitermietshaus in der Vorstadt bestellt. Kanzleien dieses Gerichts entdeckt er auf dem Dachboden eines Mietshauses (P 76), eben jenes Vorstadthauses, in dem die erste Untersuchung stattgefunden hatte. Gerichtskanzleien entdeckt er aber auch neben dem Atelier des Malers, von dem es ausdrücklich heißt, er wohne in einer Vorstadt, die jener, in der K.s erste Untersuchung stattgefunden hatte, „vollständig entgegengesetzt" war. (P 169) Vom Maler erfährt K. denn auch zu seiner Überraschung und gänzlichen Verwirrung, Gerichtskanzleien seien „doch auf fast jedem Dachboden". (P 197)

K. deutet den Umstand, daß das Gericht seine Kanzleien auf schlecht belüfteten und nur spärlich beleuchteten Dachböden unterbringt, als Zeichen der Erbärmlichkeit dieser Institution. In seinen Augen ist ein solches Gericht „keine Einrichtung, die viel Achtung einzuflößen imstande war". (P 76) Und er vermutet, diesem Gericht stünden „wenig Geldmittel zur Verfügung" oder aber die Beamtenschaft verbrauche diese Mittel für sich, statt sie für Gerichtszwecke zu verwenden. Aus der Vorstellung, daß der Richter dieses Gerichts mit einem Raum auf dem Dachboden vorlieb nehmen müsse, während er selbst aus seinem Zimmer in der Bank durch eine „riesige Fensterscheibe" auf einen belebten Platz sehen dürfte, versucht er eine gewisse Überlegenheit über das Gericht zu gewinnen. Bezeichnenderweise mißt er dieses Gericht auch hier mit den Maßstäben seiner Alltagswirklichkeit.

Zu den K. störenden, ihn zugleich aber auch faszinierenden Merkwürdigkeiten des Gerichts gehört, daß die Wächter, die ihn verhaften, keine Uniformen tragen, sondern eher eine Art Reiseanzug; wie sich später herausstellt, sind sie gar nicht fest vom Gericht angestellt, sondern erhalten nur von Zeit zu Zeit Aufträge von der Behörde, für die sie übrigens schlecht bezahlt werden. Der Gerichtsdiener trägt einen Zivilrock, der „als einziges amtliches Abzeichen neben einigen gewöhnlichen Knöpfen auch zwei vergoldete Knöpfe" aufweist, die „von einem alten Offiziersmantel abgetrennt" zu sein scheinen. (P 77) Derartige Merkwürdigkeiten, den Ort des Gerichts und das Aussehen seiner Untergebenen betreffend, haben die Deuter des Romans – begreiflicherweise – immer wieder zu allegorischen Auslegungen angeregt. Was sich hier indes Josef K. wie dem Leser zeigt, ist eine Institution von totaler A n d e r s a r t i g k e i t, mit Ungereimtheiten, wie sie nur in der alogischen Welt der Träume zu Hause sind. Freilich ist gerade das eine Welt, an der der seinem „ruhig einteilenden Verstand" vertrauende Bankprokurist allmählich irre werden muß.

V

Wer aber – damit kommt die andere Hälfte des Janusgesichtes in den Blick – ist jener Josef K., durch dessen Augen der Leser diese Institution kennenlernt? Welche Züge hat der Autor dem Manne gegeben, der am Morgen seines 30. Geburtstages von dem sonderbaren Gericht verhaftet wird? K., ein überaus erfolgreicher Bankkaufmann, hat es mit seinen dreißig Jahren zum ersten Prokuristen seiner Firma gebracht. Diesen Aufstieg verdankt er eher seiner Tüchtigkeit als seiner Herkunft. Er stammt nämlich aus einer Kleinstadt, eben jener Stadt, in der seine Mutter und sein Vetter auch jetzt noch leben. Der Vater ist schon lange tot, und Josef K. hat sich, wie er gerne betont, seit früher Zeit „allein durchschlagen müssen". (P 20) Das Wort des Onkels, „Du warst bisher unsere Ehre, du darfst nicht unsere Schande werden" (P 116), läßt keinen Zweifel an dem Ansehen, das er im Kreise seiner Verwandten und Bekannten genießt. Eben aufgrund seiner Karriere: Als einziger aus dieser in kleinstädtischen Verhältnissen lebenden Familie ist er zu einer einflußreichen Stellung in einem Bankunternehmen in der Großstadt avanciert. Stolz erwähnt der Onkel den Titel seines Neffen, als er ihn dem befreundeten Advokaten vorstellt. (P 125) Auch K. selbst ist sich des gesellschaftlichen Ansehens, das sich mit seiner Stellung verbindet, durchaus bewußt. Als der Untersuchungsrichter – im Tone einer Feststellung – zu ihm sagt: „Sie sind Zimmermaler?", entgegnet K. brüsk: „Nein, sondern erster Prokurist einer großen Bank". (P 54) Seine Position, wie auch seine kaufmännische Tätigkeit in der Bank haben ihn im Laufe der Jahre geprägt. Ohne sich dessen recht bewußt zu werden, ist er zu einem gewohnheitsmäßigen „Rechner" geworden, zu einem Menschen, der sein Leben, und das ist für Josef K. gleichbedeutend mit seiner Karriere, im voraus zu berechnen bemüht ist.[1] Mit ungewöhnlicher Deutlichkeit kennzeichnet der Autor diese Haltung im Kapitel „Advokat, Fabrikant, Maler": Hier erwägt K., die gleichen Fähigkeiten, die ihm zu seiner Stellung in der Bank verholfen hatten, nunmehr „ein wenig dem Prozeß zuzuwenden". Dann würde schon alles einen guten Ausgang nehmen. „Der Prozeß", so heißt es weiter, war „nichts anderes als ein großes Geschäft, wie er es schon oft mit Vorteil für die Bank abgeschlossen hatte, ein Geschäft, innerhalb dessen, wie das die Regel war, verschiedene Gefahren lauerten, die eben abgewehrt werden mußten. Zu diesem Zwecke durfte man allerdings nicht mit Gedanken an irgendeine Schuld spielen, sondern [mußte] den Gedanken an den eigenen Vorteil möglichst festhalten." (P 152f.) Bezeichnenderweise stellt Josef K. hier „Schuld" nicht „Schuldlosigkeit" gegenüber, sondern den „eigenen Vorteil", eben jenen „Vorteil", den er schon zu Beginn des Romans entschlossen ist, nicht im geringsten „aus der Hand zu geben". (P 13) Geschäftsmäßig oder, mit Kafka zu sprechen, „rechnerisch" versucht er, mit

---
[1] Vgl. dazu auch Jürgen Born, „Kafkas unermüdliche Rechner". In: *Euphorion* 64 (1970), S. 404-413; im vorliegenden Band auf den Seiten 37-53.

seinem Prozeß fertigzuwerden. Eine andere Möglichkeit will oder kann er gar nicht in Betracht ziehen.

Mit seinen dreißig Jahren befindet er sich etwa in der Lebensmitte. Der Prozeß trifft ihn zu einer Zeit, zu der er dank seiner Zielstrebigkeit schon viel erreicht hat, ja er selbst sieht sich „noch im Aufstieg". (P 155) Für den Direktor-Stellvertreter, den „zweithöchsten Beamten" der Bank, glaubt er bereits „eine Drohung" zu bedeuten. Ihn betrachtet er als seinen großen Rivalen, der seinem weiteren Aufstieg im Wege steht. In ihm glaubt er aber auch denjenigen zu sehen, der sein gutes Verhältnis zum Direktor stört. So ist es zu verstehen, warum K., als ihm der Fabrikant unter vier Augen mitteilt, er habe von seinem Prozeß gehört, sogleich den Direktor-Stellvertreter als Verbreiter dieser Nachricht im Verdacht hat (P 163), ein Verdacht, der sich bald als unbegründet erweist. Argwöhnisch nimmt K. auch die Einladung des Direktor-Stellvertreters auf – eines Mannes, mit dem er sich „niemals gut vertragen hatte". Er sieht darin vor allem ein taktisches Manöver: einen Versöhnungsversuch, einen Versuch, K.s „Freundschaft oder wenigstens seine Unparteilichkeit" zu gewinnen. (P 45) Freilich wertet K. diese Einladung auch – das verweist wiederum auf sein Karrieredenken – als ein Zeichen dafür, wie wichtig er bereits in der Bank geworden ist.

Es gibt kaum etwas außerhalb des Bereiches seiner Bank, was Josef K. wirklich interessiert. Zwar war er eine Zeitlang Mitglied des „Vereins zu Erhaltung der städtischen Kunstdenkmäler", aber auch das nicht aus ursprünglichem Interesse, sondern nur aus „geschäftlichen Gründen". (P 239) So hat denn K. bis zu seinem 31. Lebensjahr – jede tiefere und dauerhafte Beziehung vermeidend – ausschließlich seinem beruflichen Vorwärtskommen gelebt. Verantwortlich fühlt er sich eigentlich für niemanden. Auch hat er niemanden, für den er – über das Maß des gesetzlich Vorgeschriebenen hinaus – Sorge trägt. Sein sozialer Kontakt beschränkt sich auf ein bis zwei Abendstunden in der Woche, die er an einem Stammtisch „mit meist älteren Herren" verbringt, mit Menschen also, von denen ihn schon der Altersunterschied trennt. Gelegentlich wird er auch vom Direktor der Bank, der „seine Arbeitskraft und Vertrauenswürdigkeit sehr schätzte" – so jedenfalls sieht es Josef K. –, „zu einer Autofahrt oder zu einem Abendessen in seiner Villa eingeladen". (P 27)

Überaus deutlich hat Kafka seinen Josef K. durch dessen Beziehung zu seiner Mutter charakterisiert. Der Vater ist schon vor längerer Zeit gestorben, und die Mutter wird seither von einem Vetter Josef K.s in der ein paar Bahnstunden entfernten Kleinstadt versorgt. Fast drei Jahre hat ihr Sohn sie nicht besucht, obschon er ihr das Versprechen gegeben hatte, jeden seiner zukünftigen Geburtstage mit ihr zu verbringen. Als er sich nun unversehens entschließt, zu ihr zu fahren, prüft er die Gründe für seinen plötzlichen Entschluß: „Was wollte er dort? Wollte er etwa aus Rührseligkeit hinfahren? Und aus Rührseligkeit hier möglicherweise etwas Wichtiges versäumen [...]? Und würde er überdies die alte Frau nicht erschrecken [...]. Und die Mutter verlangte gar nicht nach ihm". (P 278f.) Auch seiner Mutter gegenüber tut Josef K. genau das, was man zu tun verpflichtet ist. Er schickt regelmäßig Geld für ihren Unterhalt und erhält ebenso regelmäßig von seinem Vetter Nachricht über ihr Wohlbefinden. Das Maß seiner Gefühlskälte ihr gegenüber spiegelt sich vielleicht am deutlichsten in der nüchternen Feststellung: „Das Augenlicht der Mutter war zwar am Erlöschen, aber das hatte K. nach den Aussagen der Ärzte schon seit Jahren erwartet". (P 277)

Nicht weniger deutlich kennzeichnet der Autor den Protagonisten seines Romans durch dessen Beziehung zu Fräulein Bürstner. Bezeichnend ist die Tatsache, daß er plötzlich eine erotische Beziehung zu einer Frau sucht, der er zuvor nicht die geringste Aufmerksamkeit geschenkt hatte. Selbst als er an jenem Abend auf sie wartet, empfindet er „kein besonderes Verlangen" nach ihr, ja er kann sich nicht einmal genau erinnern, wie sie aussieht. (P 34) Nicht einmal ihren Vornamen weiß er. (P 42) Sie ist nur Objekt für ihn, ihre Personalität ist ihm offenbar gleichgültig. K.s Karrieredenken, sein Denken in Rangvorstellungen, verrät sich auch hier: Als Fräulein Bürstner sich ihm entzieht, versucht er seinen Selbstrespekt dadurch wiederzugewinnen, daß er sie nach den gesellschaftlichen Vorstellungen seiner Zeit klassifiziert: „Er wußte", heißt es an der Stelle, „daß Fräulein Bürstner nur ein kleines Schreibmaschinenfräulein war, das ihm nicht lange Widerstand leisten sollte". (P 101) Betrachtet der Leser Josef K. genauer, so findet er in der Tat wenig, was ihn für die Hauptfigur dieses Romans einnehmen könnte. Er ist weniger als ein „Durchschnittsmensch der modernen Gesellschaft", wenn er auch viele Züge mit diesem Typus teilt. Unzweifelhaft war es die Absicht des Autors, den Mangel an menschlicher Substanz und die Beziehungslosigkeit seines Protagonisten hervorzuheben. Wenn sich also in diesem Roman überhaupt die Möglichkeit einer „Schuld" der Hauptfigur andeutet, so wohl hier – einer Schuld im Sinne des Versagens gegenüber den Mitmenschen, einer Schuld im Sinne von Unterlassung. Ob Unvermögen oder mangelnde Bereitschaft der Grund dafür sind, ist freilich nicht zu entscheiden.

VI

Wie das Wort ‚Gericht', so entfaltet auch ‚Prozeß' erst im Verlauf des Romans seine vielfältige metaphorische Bedeutung. Gewiß, es handelt sich, so erfährt der Leser im 6. Kapitel, um einen S t r a f p r o z e ß. (P 115) Doch auch dieser Begriff ist im Kontext des Kafkaschen Romans juristisch nicht eindeutig zu definieren, bleibt also auch im Bereich des Metaphorischen, wie ja auch das Gericht, von dem das Verfahren eingeleitet wurde; es ist eine Institution von – im genauen Wortsinn – eigentümlicher Art. Entsprechend ist auch der Prozeß Josef K.s eigentümlich, d.h., „nur für ihn bestimmt", auf ihn zugeschnitten. Doch wie das Wort ‚Prozeß' auch immer gedeutet werden mag, unbestreitbar bleibt, daß es – über die landläufige, jedem Leser vertraute, juristische Bedeutung hinaus – einen geistig-seelischen V o r g a n g meint, der sich im Zeitraum eines Jahres in der Hauptfigur Josef K. vollzieht.

Die Auseinandersetzung zwischen dem Gericht und Josef K. hat Martin Walser in seiner Gegenüberstellung von „Held" und „Gegenwelt" mit sympathischer Genauigkeit auf formale

Prinzipien hin untersucht. Allein Walsers *Beschreibung einer Form* sieht nur ein im Grunde unendlich fortsetzbares Prinzip von Existenzbehauptung und Aufhebung, das im Falle des Prozeß-Romans im Schlußkapitel willkürlich abgebrochen wird. Walsers Studie berücksichtigt nicht den für diesen Roman so ungemein wichtigen psychologischen Aspekt: ‚Prozeß' im Sinne eines inneren Vorgangs, einer geistig-seelischen Veränderung im Helden im Verlauf seines einunddreißigsten Lebensjahres. Gerade diesen Wandel aber führt Kafka mit nicht zu übersehender Deutlichkeit vor Augen. Denn während die Welt der Bank, die bis dahin Josef K.s Denken völlig beherrschte, immer mehr an Bedeutung verliert, gewinnt die Welt des Gerichts für ihn immer mehr an Wirklichkeit: Sprach er noch im Kapitel „Erste Untersuchung" von „diesem angeblichen Gericht" (P 60), betonte er noch gegenüber der Frau des Gerichtsdieners, daß ihm am Ausgang des Prozesses gar nichts liege und er über „eine Verurteilung nur lachen" werde (P 69), so heißt es im Kapitel „Advokat, Fabrikant, Maler": „Die Verachtung, die er früher für den Prozeß gehabt hatte, galt nicht mehr. [...] er hatte kaum mehr die Wahl, den Prozeß anzunehmen oder abzulehnen, er stand mitten darin und mußte sich wehren". (P 152) Sagte er noch in der ersten Untersuchung, ihm stünde „die ganze Sache fern", so hat er zur Zeit der Kündigung des Advokaten das Gefühl, der Prozeß rücke ihm „förmlich im geheimen, immer näher an den Leib". (P 224) Wollte er zu Beginn den Prozeß als einen „groben Spaß" von sich weisen, den ihm die Kollegen in der Bank, vielleicht aus Anlaß seines dreißigsten Geburtstages, veranstaltet hatten, so sitzt er am Schluß, am Vorabend seines einunddreißigsten Geburtstages, ohne daß ihm der Besuch seiner Henker angekündigt worden wäre, „gleichfalls schwarz angezogen" in einem Sessel in der Nähe der Türe und erwartet sie. (P 266) Ja am Schluß des Kapitels „weiß" er genau, was er zu tun hat: „K. wußte jetzt genau", heißt es dort, „daß es seine Pflicht gewesen wäre, das Messer [...] selbst zu fassen und sich einzubohren". Sein Unvermögen, es zu tun, betrachtet er als einen „Fehler". (P 271) Ein tiefgreifender geistig-seelischer Prozeß hat sich im Verlauf dieses Jahres in Josef K. vollzogen. Der Prozeß, von dem dieser Roman spricht, mag in irgendwelchen fernen Gerichtsräumen vor sich gehen, vor allem aber vollzieht er sich doch im Angeklagten selbst.

Daß es in diesem Roman um einen geistigen Prozeß geht, hat der Autor an zahlreichen Stellen verdeutlicht. Zwar sind es zunächst die Wächter, die in die Wohnung Josef K.s eindringen, ist es das Gericht, das ihn heimsucht, von da an aber versucht er, auf allen möglichen Wegen in das Gericht vorzudringen: Gleich zu Anfang will sich K. „irgendwie in die Gedanken der Wächter einschleichen, sie zu seinen Gunsten wenden oder s i c h d o r t e i n b ü r g e r n" (P 15; Hervorhebung d. Verf.). Ein wenig später sinnt er „aus dem Gedankengang der Wächter" über die Art seiner Verhaftung nach. (P 17) In dem Fragment gebliebenen Kapitel „Das Haus" spielt er wiederum mit dem Gedanken, in die „Reihen dieser Leute", der Leute aus der Umgebung des Gerichts, zu schlüpfen. (P 291) Am Schluß ist er nicht nur sinnbildlich, sondern tatsächlich in die „Reihen dieser Leute" geschlüpft, und zwar als ihn die beiden Henker in die Mitte nehmen und sie „alle drei eine solche Einheit" bilden, „daß, wenn man einen von ihnen zerschlagen hätte, alle zerschlagen gewesen wären". (P 267) – In der Absicht, auf das Verfahren einzuwirken, bemüht sich K., in die „Gedankengänge" des Gerichts vorzudringen. In Wahrheit aber ist es das Gericht, das im Verlaufe dieses Prozesses immer tiefer in sein Bewußtsein eindringt, so daß es für ihn am Schluß gar keine andere Wirklichkeit mehr gibt als die des Gerichts. Daher können es die Henker im Schlußkapitel dulden, daß „er die Wegrichtung bestimmte". Im Verlauf des einjährigen Prozesses hat er gelernt, in ihren Gedankengängen zu denken, und ohne Anweisung wird er genau das tun, was sie von ihm erwarten.

Allein, auch ‚Prozeß' steht, will man das Wort inhaltlich bestimmen, im Zeichen des Janusgesichts dieser Dichtung, im Zeichen der in diesem Roman vorherrschenden Ambiguität. So ließe sich ‚Prozeß' auch als ein anderer psychologischer Vorgang deuten, ein Vorgang nämlich, in dessen Verlauf dem Angeklagten unablässig eine Schuld suggeriert wird. Er ist sich zwar ihrer nicht bewußt, beginnt aber allmählich, an sie zu glauben. Das Ende dieses Prozesses könnte man schließlich als die Resignation eines Menschen auffassen, dessen Widerstandskraft mit Hilfe einer teuflischen Zermürbungstaktik, einer „Gehirnwäsche" nach Art totalitärer Staaten gebrochen wurde. – ‚Prozeß' kann aber auch einen Vorgang bezeichnen, in dessen Verlauf sich der im – ethischen – Sinne Schuldige, seine Schuld nur ahnende Angeklagte in der Uneinsichtigkeit bleibt. Die Schuld dringt – da er sie nur im Sinne des Paragraphen begreift, jede andere Form des Schuldigwerdens also ausschließt – nie in sein Bewußtsein ein. Seine Schuld g e f ü h l e aber gewinnen zunehmend an Stärke und bestimmen, ohne daß er sich dessen bewußt würde, in immer größerem Maße seine Handlungen. Der von seinen Schuldgefühlen Geplagte sucht schließlich von sich aus Gericht und Sühne.

Verständlicherweise fragt sich der Leser schon nach den ersten Seiten des Romans, ob die Hauptgestalt schuldig oder unschuldig ist, ob sie – in welchem Sinne auch immer – zu Recht oder zu Unrecht „verhaftet" wurde. Er sucht – mit Josef K. – den Anlaß dieser Verhaftung aufzuspüren. Der Autor-Erzähler regt ihn, das ist deutlich, zu den vielfältigsten Mutmaßungen an, er schickt ihn gleichsam in alle Richtungen auf die Suche. Zu einer schlüssigen Antwort aber kann der Leser auf dem Wege der Deduktion nicht gelangen. Der Weg dazu scheint selbst innerhalb dieses Fragment gebliebenen Romans sorgfältig verstellt. Kafka habe, so Walter Benjamin, „alle erdenklichen Vorkehrungen gegen die Auslegung seiner Texte getroffen".[1] Und zwar auf zweifache Weise: Zum einen bewahrt er die Hermetik seiner Romanwelt, um jeden Versuch der „Übersetzung" im Sinne einer Allegorie zu vereiteln, den Leser davon abzuhalten, in der Welt unserer Erfahrungswirklichkeit nach Entsprechungen für das Geschehen im Roman zu suchen. Zum anderen hält Kafka ganz bewußt die Frage der Schuld oder Schuldlosigkeit Josef K.s, R e c h t mäßigkeit oder U n r e c h t mäßigkeit

---

[1] Walter Benjamin, „Franz Kafka. Eine Würdigung". In: *Jüdische Rundschau* 39, Nr. 102/103 (21.12.1934), S. 8 und Nr. 104 (28.12.1934), S. 6; zuletzt wieder abgedruckt in: *Benjamin über Kafka. Texte, Briefzeugnisse, Aufzeichnungen.* Hrsg. von H. Schweppenhäuser, (Frankfurt/M. 1981), S. 22.

seiner Verhaftung, in der Schwebe. So bleibt der Leser den gesamten Roman hindurch im Ungewissen. Denn, wie immer er sich auch entscheiden mag, stets bleibt eine zweite Möglichkeit offen. Und damit bleibt der nagende Zweifel, der ja auch die Hauptfigur selbst bis zum Schluß nicht losläßt.

Das Doppelgesicht dieser Dichtung versagt dem Leser jede ausdrückliche Antwort. Vielmehr stellt es ihn vor die Frage, ob er, der Leser, eine Schuld des Helden ahnt und für möglich hält oder nicht. Der Autor selbst sah offenbar im Verhalten der Hauptfigur eine solche Schuld im Sinne des Versagens gegenüber den Mitmenschen. Er betrachtete seinen Josef K., im Gegensatz zu Karl Roßmann, dem Helden des *Verschollenen*, als den „Schuldigen"[1]. Ob der Leser ihn so sieht, ist eine andere Frage. Denn das Werk, einmal aus der Hand des Autors entlassen, spricht für sich und bedarf nicht der Erläuterung durch ihn. Und selbst wenn er sich ausdrücklich über die Bedeutung dieses Romans ausgesprochen hätte – er tat es nicht –, wir stünden nach wie vor vor dem Janusgesicht dieser Dichtung.

---

[1] Franz Kafka. *Tagebücher 1910-1923*, Hrsg. von Max Brod, (Frankfurt/M. 1949), S. 481.

Kafkas Türhüterlegende

Versuch einer positiven Deutung[1]

I

Die Frage, wie die ungewöhnlich starke Wirkung der Dichtungen Franz Kafkas in unserer Zeit zu erklären sei, ist in den letzten zwei Jahrzehnten häufig gestellt worden. Die Antworten darauf sind vielfältig. Was den deutschen Sprachbereich angeht, so hat man schon seit den zwanziger Jahren auf die sprachliche Meisterschaft des Prager Autors verwiesen. Max Brod, Hermann Hesse und Thomas Mann waren unter den ersten, die das erkannten. Wie aber erklärt sich die Wirkung der Dichtungen Kafkas in Ländern ganz anderer Kulturkreise und Sprachen wie Japan, China und Korea? Mit dem Hinweis auf die kongeniale Leistung der Übersetzung ist es hier nicht getan. Nicht allein die Sprache Kafkas ist es, seinen dichterischen Bildern muß etwas innewohnen, was sie auch für Leser ferner Kontinente auf ganz spezifische Weise „verständlich" macht: Es sind, so vermute ich, bestimmte Grundsituationen unserer Erfahrung in seinen Dichtungen, archetypische Situationen der menschlichen Existenz, die seine Erzählungen und Romane auch den Lesern außerhalb unseres Kulturkreises nahebringen: die Situation der Gefangenschaft und das Streben nach Befreiung, die Situation des Ausgeschlossenseins und das Streben danach, eingelassen oder ‚aufgenommen' zu werden, der Weg durch unendliche Labyrinthe, das Erwarten einer Botschaft, die über unendliche Weiten zu uns gelangen soll u.a. Solche Situationen treten uns in Kafkas Dichtungen in Bildern von ungekannter Prägnanz und Eindringlichkeit entgegen. Wer sie einmal aufgenommen hat, vergißt sie nie. Es sind keine erdachten, keine „konstruierten" Bilder, das spüren wir. Oft waren es Bilder, die ihn heimsuchten, die ihn „innerlichst bedrängten", wie er es einmal beschrieb. Oft war

---

[1] Die ursprüngliche (englischsprachige) Fassung dieses Beitrags erschien im Kafka-Heft der Zeitschrift *Mosaic* (University of Manitoba), Vol. 3, No. 4 (Summer 1970), S. 153-162.

die Niederschrift, das heißt ihre sprachlich-literarische Formung, für den Autor zugleich ein Akt seelischer Befreiung. Die Grundsituation, auf die das dichterische Bild zurückging, blieb aber stets erhalten.

Mit einer solchen existentiellen Grundsituation haben wir es auch in der Türhüterlegende zu tun (wie Kafka seine Parabel *Vor dem Gesetz* nannte).[1] Wir kennen die Situation dessen, der das Tor durchschreiten muß, damit ihm etwas zuteil wird, kennen sie aus der Bibel, aus Mythen und Märchen, aus Sagen und Legenden.

II

Vor dem Gesetz

Vor dem Gesetz steht ein Türhüter. Zu diesem Türhüter kommt ein Mann vom Lande und bittet um Eintritt in das Gesetz. Aber der Türhüter sagt, daß er ihm jetzt den Eintritt nicht gewähren könne. Der Mann überlegt und fragt dann, ob er also später werde eintreten dürfen. „Es ist möglich", sagt der Türhüter, „jetzt aber nicht." Da das Tor zum Gesetz offensteht wie immer und der Türhüter beiseite tritt, bückt sich der Mann, um durch das Tor in das Innere zu sehn. Als der Türhüter das merkt, lacht er und sagt: „Wenn es dich so lockt, versuche es doch, trotz meines Verbotes hineinzugehn. Merke aber: Ich bin mächtig. Und ich bin nur der unterste Türhüter. Von Saal zu Saal stehn aber Türhüter, einer mächtiger als der andere. Schon den Anblick des dritten kann nicht einmal ich ertragen." Solche Schwierigkeiten hat der Mann vom Lande nicht erwartet; das Gesetz soll doch jedem und immer zugänglich sein, denkt er, aber als er jetzt

---

[1] Entstanden ist die „Türhüterlegende" während der ersten Dezemberhälfte des Jahres 1914; am 13. Dezember spricht Kafkas Tagebuch bereits von der „Exegese der Legende". Wurde aber der *Prozeß* selbst erst 1925, ein Jahr nach dem Tode des Autors, durch dessen Freund Max Brod veröffentlicht, so erschien die Türhüterlegende bereits am 7. September 1915 in der Jüdischen Wochenschrift *Selbstwehr* (Prag). Sie ist eines der zwei Stücke aus dem Prozeß-Manuskript, die der Dichter zu veröffentlichen bereit war, gehört also zu den wenigen Arbeiten, die er selbst für geglückt hielt; im Tagebuch (13. Dez. 1914) spricht er sogar – ein überaus seltenes Bekenntnis – von einem „Zufriedenheits- und Glücksgefühl [...] der Legende gegenüber". Verhaltene Freude über die Wirkung seiner Dichtung auf Felice Bauer spricht auch aus einer Tagebuchnotiz aus dem Jahre 1915. Kafka erwähnt hier, er habe ihr Teile des Prozeß-Romans vorgelesen, habe zunächst „keine Verbindung mit der Zuhörerin" gehabt, bei der Türhütergeschichte aber habe sie „größere Aufmerksamkeit und gute Beobachtung" gezeigt. Kafka wußte, daß er mit seiner Legende ein Stück Prosa geschrieben hatte, das selbst er, der strengste und unnachgiebigste Kritiker seiner selbst, bejahen konnte. (F. Kafka, *Tagebücher 1910-1923*, hrsg. von Max Brod, Frankfurt a.M. 1951, S. 460).

den Türhüter in seinem Pelzmantel genauer ansieht, seine große Spitznase, den langen, dünnen, schwarzen tatarischen Bart, entschließt er sich, doch lieber zu warten, bis er die Erlaubnis zum Eintritt bekommt. Der Türhüter gibt ihm einen Schemel und läßt ihn seitwärts von der Tür sich niedersetzen. Dort sitzt er Tage und Jahre. Er macht viele Versuche eingelassen zu werden, und ermüdet den Türhüter durch seine Bitten. Der Türhüter stellt öfters kleine Verhöre mit ihm an, fragt ihn über seine Heimat aus und nach vielem andern, es sind aber teilnahmslose Fragen, wie sie große Herren stellen, und zum Schlusse sagt er ihm immer wieder, daß er ihn noch nicht einlassen könne. Der Mann, der sich für seine Reise mit vielem ausgerüstet hat, verwendet alles, und sei es noch so wertvoll, um den Türhüter zu bestechen. Dieser nimmt zwar alles an, aber sagt dabei: „Ich nehme es nur an, damit du nicht glaubst, etwas versäumt zu haben." Während der vielen Jahre beobachtet der Mann den Türhüter fast ununterbrochen. Er vergißt die andern Türhüter und dieser erste scheint ihm das einzige Hindernis für den Eintritt in das Gesetz. Er verflucht den unglücklichen Zufall, in den ersten Jahren rücksichtslos und laut, später, als er alt wird, brummt er nur noch vor sich hin. Er wird kindisch, und, da er in dem jahrelangen Studium des Türhüters auch die Flöhe in seinem Pelzkragen erkannt hat, bittet er auch die Flöhe, ihm zu helfen und den Türhüter umzustimmen. Schließlich wird sein Augenlicht schwach, und er weiß nicht, ob es um ihn wirklich dunkler wird, oder ob ihn nur seine Augen täuschen. Wohl aber erkennt er jetzt im Dunkel einen Glanz, der unverlöschlich aus der Türe des Gesetzes bricht. Nun lebt er nicht mehr lange. Vor seinem Tode sammeln sich in seinem Kopfe alle Erfahrungen der ganzen Zeit zu einer Frage, die er bisher an den Türhüter noch nicht gestellt hat. Er winkt ihm zu, da er seinen erstarrenden Körper nicht mehr aufrichten kann. Der Türhüter muß sich tief zu ihm hinunterneigen, denn der Größenunterschied hat sich sehr zu ungunsten des Mannes verändert. „Was willst du denn jetzt noch wissen?" fragt der Türhüter, „du bist unersättlich." „Alle streben doch nach dem Gesetz", sagt der Mann, „wieso kommt es, daß in den vielen Jahren niemand außer mir Einlaß verlangt hat?" Der Türhüter erkennt, daß der Mann schon an seinem Ende ist, und, um sein vergehendes Gehör noch zu erreichen, brüllt er ihn an: „Hier konnte niemand sonst Einlaß erhalten, denn dieser Eingang war nur für dich bestimmt. Ich gehe jetzt und schließe ihn."

Hauptgestalt der Legende ist „ein Mann vom Lande", ein Unerfahrener, Unkundiger also. Höchstes Ziel dieses Mannes ist der Eintritt in das Gesetz. Aber davor steht ein Türhüter, der ihm den Zugang verwehrt; jedenfalls erklärt er ihm, er könne ihm „jetzt den Eintritt nicht gewähren". Da das Tor nicht verschlossen ist, sondern – als fordere es zum Eintritt auf – offensteht, versucht der Mann einen Blick in das Innere des Gesetzes zu werfen. Er will wenigstens mit seinen Augen dorthin vordringen, wohin er seine Schritte nicht zu lenken wagt. Als der Türhüter dies bemerkt, erklärt er: „Wenn es dich so lockt, versuche es doch, trotz meines Verbotes hineinzugehn. Merke aber: Ich bin mächtig. Und ich bin nur der unterste Türhüter." Damit ist etwas Wichtiges über den Weg zum Gesetz gesagt: Eine förmlich unübersehbare Flucht von Sälen, der Zugang eines jeden streng bewacht, trennt den Mann von seinem eigentlichen Ziel, dem innersten Raum des Gesetzes. (Ähnlich verhält es sich in Kafkas Parabel *Eine kaiserliche Botschaft*: Unendliche Entfernungen und unübersehbar viele Hindernisse trennen den Boten des Kaisers von seinem Ziel, dem auf die Botschaft Wartenden.)

Was der Mann über die Hindernisse auf dem Weg ins Innere des Gesetzes erfährt und der Anblick des Türhüters selbst, lassen ihn jeden Gedanken an eigenmächtiges Eintreten vergessen. Statt dessen entschließt er sich, auf die Erlaubnis zum Eintritt zu warten. Seine Versuche, eingelassen zu werden, sind jedenfalls nicht mehr als zaghafte Bitten an den Türhüter, den Eingang freizugeben; nie versucht er indes, von sich aus einzutreten.

Die ersten Worte des Türhüters haben ihn bereits um das Gesetz des Handelns gebracht; wie gelähmt sitzt er seitwärts von der Tür auf einem Schemel; alles, was er sich für seine Reise mitgebracht hat, verwendet er, „um den Türhüter zu bestechen". Der nimmt zwar alle Gaben an, erklärt aber, er nehme sie nur an, damit der Mann vom Lande nicht glaube, „etwas versäumt zu haben". Die Ironie dieser Worte wird erst am Schluß der Legende deutlich, denn schon hier ist der Mann auf dem besten Wege, das wirklich Entscheidende zu versäumen: den Eintritt ins Gesetz.

Aufmerksamkeit verdient die Wendung, die sich nun vollzieht. Der Mann, der den Türhüter während der vielen Jahre seines Wartens fast ununterbrochen beobachtete, vergißt die anderen Türhüter, und dieser erste erscheint ihm als das einzige Hindernis für seinen Eintritt. Das ist ein psychologisches

Moment: In den Augen des jahrelang Wartenden wächst der erste Türhüter ins Riesenhafte; er verstellt dem Wartenden förmlich den Blick auf alles andere. Fasziniert betrachtet der Mann diesen ersten Türhüter und verliert dadurch immer mehr den Blick für das Ganze seiner Situation. Stärker noch verengt sich die Perspektive des Mannes: Er erkennt während des „jahrelangen Studium[s]" des Türhüters die Flöhe in seinem Pelzkragen; in senil-kindischer Art bittet er schließlich diese Flöhe, den Türhüter umzustimmen. Sein eigentliches Ziel verliert er ganz aus den Augen: An den Eintritt in das Gesetz wagt er kaum noch zu denken.

Schließlich wird sein Augenlicht schwach, und er weiß nicht, ob die Dunkelheit, die ihn nun umgibt, einen objektiven Sachverhalt darstellt oder ob ihn nur seine schwachen Augen täuschen. In diesem Dunkel aber erkennt er „einen Glanz, der unverlöschlich aus der Türe des Gesetzes bricht". Und nun, da er die Nähe des Todes ahnt, sammeln sich in seinem Kopf „alle Erfahrungen der ganzen Zeit" zu einer letzten Frage: warum in den vielen Jahren, da doch alle nach dem Gesetz strebten, niemand außer ihm Einlaß verlangt habe. Unwillig und geradezu so, als sei *ihm* die schwerste Enttäuschung widerfahren, brüllt der Türhüter dem schon Schwerhörigen die Antwort ins Ohr: Hier habe niemand sonst Einlaß erhalten können. Denn „dieser Eingang war nur für dich bestimmt".

Vergegenwärtigen wir uns den geistig-seelischen Ablauf des Geschehens: Bevor der Mann vom Lande zum Eingang des Gesetzes kam, lebte er doch offenbar in dem Gedanken, daß das Gesetz „jedem und immer zugänglich" sei. Der Anblick des Türhüters und der Wortwechsel mit ihm lösen nun eine seelische Entwicklung aus, in deren Verlauf dieser Gedanke (oder Glaube?) mehr und mehr schwindet. Der Mann setzt sich auf einem Schemel nieder, d.h. die Bewegung auf das Gesetz zu kommt auch äußerlich völlig zum Stillstand. Sein Blick, anfangs nur auf den Eingang zum Gesetz gerichtet, wandert davon weg zum Türhüter und richtet sich schließlich auf die Flöhe in dessen Pelzkragen. Das Ende dieser gleichsam regressiven psychischen Entwicklung bezeichnet die Legende mit dem Satz: „[...] der Größenunterschied hat sich sehr zu ungunsten des Mannes verändert". Umgangssprachlich würde man sagen, der Mann sei vor dem Türhüter ganz „klein" geworden. Aber der Satz bezeichnet noch ein Zweites: nicht nur das „Klein"-werden des Mannes, sondern – als Folge dessen – das Wachsen der Türhütergestalt ins Riesenhafte. Was sich in der Handlung der Legende äußerlich vollzieht, spiegelt den seelischen Vorgang in der Auseinandersetzung zwischen dem Mann und dem Türhüter wider. Kafkas Dichtung gestaltet, wie Wilhelm Emrich einmal formulierte, „geistige, seelische, psychologische Wahrheiten [...] als sinnlich anschauliche Realitäten".[1]

III

Rilke sprach in einem Brief vom Februar 1912 gegenüber seinen 1910 erschienen *Aufzeichnungen des Malte Laurids Brigge* eine Warnung aus, in der es u.a. heißt: „Wer der Verlockung nachgibt und diesem Buch parallel geht, muß notwendig abwärts kommen; erfreulich wird es wesentlich nur denen werden, die es gewissermaßen gegen den Strom zu lesen unternehmen."[2] Es sei hier versucht, Kafkas Legende im Sinne jenes Rilke-Wortes „gewissermaßen gegen den Strom zu lesen", denn nur so läßt sich die in der Legende ebenfalls angelegte Möglichkeit einer positiven Lösung des Türhüterrätsels verdeutlichen. Nahegelegt hat eine solche Deutung Kafkas langjähriger Freund Felix Weltsch[3] und, Jahrzehnte später, auch der schweizerische Literarhistoriker Walter Muschg.[4] Wir gehen davon aus, daß

---

[1] Wilhelm Emrich: „Die Bilderwelt Franz Kafkas." In: *Akzente* 2 (April 1960), S. 172ff.
[2] R.M. Rilke: *Gesammelte Briefe in sechs Bänden*. 3. Band: *Briefe aus den Jahren 1907-1914*. Hrsg. von Ruth Sieber-Rilke und Carl Sieber. (Leipzig 1939), S. 205.
[3] Felix Weltsch, der zu Kafkas engstem Freundeskreis gehörte, schreibt über den Mann vom Lande: „Er hat nicht etwa etwas verabsäumt, was man von ihm verlangt hatte, aber er hat verabsäumt, den Weg zu dem Gesetze durch diese Tür auch ohne Befehl, ja selbst gegen eine gewisse Hemmung auf sich zu nehmen." Felix Weltsch: „Freiheit und Schuld in F. Kafkas Roman ‚Der Prozeß'". In: *Jüdischer Almanach auf das Jahr 5687*. Prag 1926/27, S. 115-121; wiederabgedruckt in: *Franz Kafka – Kritik und Rezeption, 1924-1938*. Hrsg. von Jürgen Born unter Mitwirkung von Elke Koch u.a. (Frankfurt a.M. 1983), S. 122-128, bes. S. 126.
[4] Eindeutig hat Walter Muschg die Wahrheit der Türhüterlegende ausgesprochen: „der Mann hätte ohne Furcht eintreten sollen". Vgl. W.M.: *Die Zerstörung der deutschen Literatur*. 3., erw. Aufl. (Bern 1958), S. 212.

Josef K., die Hauptgestalt des Roman-Fragments, aus dem die Legende hervorging, schuldig ist; in den Augen Kafkas war er, wie es im Tagebuch heißt, der S c h u l d i g e.[1] Bewußt wird er sich seiner Schuld allerdings nie; sie bleibt ein Schuld g e f ü h l, ruft aber aus den Tiefen des Unbewußten jene Strafphantasien herauf, jene nicht enden wollenden quälenden Tagträume, die den Roman erfüllen, ja die Handlung des Romans eigentlich erst konstituieren. Nicht zu Unrecht hat Max Brod im Zusammenhang mit dem *Prozeß* von „dichterischer Selbstbestrafung, imaginierte[n] Sühnehandlungen" des Freundes gesprochen.[2] Freilich hat Kafka diese Phantasien seines „Helden" nie als solche gekennzeichnet, sondern eben als „sinnlich anschauliche Realitäten" dargestellt.

Im Roman-Fragment hält der Gefängniskaplan Josef K. mit der Legende einen Spiegel vors Gesicht. Aber K. erkennt sich darin nicht. Zwar wird er von der Geschichte „sehr stark angezogen", aber er bemerkt nicht, daß sie „nur für [ihn] bestimmt" ist, daß es s e i n e Geschichte ist. „Bloße Legenden ändern meine Meinung nicht", hatte er schon dem Maler Titorelli erklärt, als dieser ihm von Legenden berichten wollte, die sich über Gerichtsfälle erhalten haben.[3] Entspricht nun die Situation des Mannes vom Lande in der Türhüterlegende der Situation Josef K.s im *Prozeß*, so dürfen wir annehmen, daß auch der Mann vom Lande schuldig ist, schuldig, so vermuten wir, im Sinne einer Unterlassung.

Weiter sei vorausgesetzt, daß es sich in der Legende nicht um echte Widersprüche handelt, für die das *principium contradictionis* gelten würde, sondern um Paradoxa, also Widersprüche scheinbarer Art; Paradoxa, wie sie Josef K., den Bankprokuristen und eingefleischten „Rechner", notwendig verwirren. Und Paradoxa sind es, die auch den seiner Logik vertrauenden Leser wenigstens zunächst verblüffen. Sind es aber scheinbar Widersprüche, mit denen wir es hier zu tun haben, so wären

---

[1] F. Kafka: *Tagebücher 1910-1923*, hrsg. von Max Brod, (Frankfurt a.M. 1951), S. 481.
[2] M. Brod: *Franz Kafka. Eine Biographie.*, 3., erw. Aufl. (Frankfurt a.M. 1954), S. 178.
[3] F. Kafka: *Der Prozeß*, (Frankfurt a.M. 1950), S. 257 und 186.

wir berechtigt zu fragen: Wie hätte sich der Mann vom Lande verhalten müssen, um in das Gesetz zu gelangen?

Wenden wir uns noch einmal dem Text zu: Mit einem echten Widerspruch hätten wir es zu tun, wenn der Türhüter dem Manne den Eintritt ein für allemal verweigert und ihm zugleich erklärt hätte: „Dieser Eingang ist nur für dich bestimmt". Das ist aber nicht der Fall. Zum einen sagte er lediglich, daß er dem Manne den Eintritt „jetzt" nicht gewähren könne, stellt aber die Möglichkeit zu einem späteren Zeitpunkt in Aussicht. Zum andern fordert er ihn sogar zum Eintritt auf: „Wenn es dich so lockt, versuche es doch, trotz meines Verbotes hineinzugehn." Zwar folgt dieser Aufforderung die Warnung: „Merke aber: Ich bin mächtig. Und ich bin nur der unterste Türhüter. Von Saal zu Saal stehn aber Türhüter [...]", ein Widerruf der Aufforderung ist aber nicht damit ausgesprochen.

Der Mann vom Lande jedoch, durch die Warnung und den furchterregenden Anblick des Türhüters entmutigt, entschließt sich, „doch lieber zu warten, bis er die Erlaubnis zum Eintritt bekommt". Er will *lieber* warten, als ...? Wie, so fragen wir, lautet denn die auf diesen Komparativ folgende Alternative? Kafka hat sie nicht ausgesprochen, aber sie kann doch nur heißen: „... als ohne Erlaubnis einzutreten", wozu ihn der Türhüter, wenn auch mit abschreckenden Voraussagen, aufgefordert hatte.

Hätte der Türhüter dem Manne mehr sagen müssen, als er ihm gesagt hat? Hätte er ihn etwa von vornherein darauf hinweisen müssen, daß dieser Eingang nur für ihn bestimmt sei? Nein. Kafkas Legende setzt, so will es nach dem Schlußwort des Türhüters scheinen, stillschweigend voraus, daß jeder nur vor *den* Eingang zum Gesetz kommt, der für ihn bestimmt ist. Anders ausgedrückt: Der Mann hätte sich dessen gewiß sein müssen, daß es sein Eingang war. Einen „unglücklichen Zufall" gibt es hier nicht. Seinen Gedanken (oder Glauben), das Gesetz sei „jedem und immer zugänglich", hätte er nie in Zweifel ziehen, geschweige denn aufgeben dürfen. Mit einem Wort: Er hätte eintreten sollen, allen Entmutigungen des Türhüters zum Trotz!

Selbst wenn das Wort des Türhüters, „Von Saal zu Saal stehn [...] Türhüter, einer mächtiger als der andere [...]", wahr ist, so entspricht das zwar einer unübersehbaren, vielleicht unendlichen Reihe von Hindernissen. Aber ist denn damit gesagt, daß erst die Überwindung *aller* Hindernisse zum Gesetz führt, daß es unbedingt gilt, in den innersten Raum des Gesetzes vorzudringen?

„Es gab einzelne Hindernisse wie überall, aber im Nehmen solcher Hindernisse besteht ja das Leben." Mit diesen Worten antwortet Kafka in dem berühmten *Brief an den Vater* aus dem Jahre 1919 auf die selbst gestellte Frage: „Warum also habe ich nicht geheiratet?"[1] Beziehen wir Kafkas Wort „im Nehmen solcher Hindernisse besteht ja das Leben" auf die Legende, so entspricht der vom Türhüter dargestellte Weg ins Innere des Gesetzes dem Weg des Lebens selbst. Das Gesetz, von dem die Legende spricht, braucht daher kein Endpunkt zu sein, den es unbedingt zu erreichen gilt; vielmehr scheint es, daß im Streben nach diesem Punkt, d.h. im Überwinden jedes einzelnen der in ihrer Gesamtheit nicht überschaubaren (und vielleicht letztlich auch unüberwindbaren) Hindernisse, schon das Gesetz des Lebens begründet ist. Schon im Beschreiten dieses Weges wäre, so vermuten wir, dem Manne das Gesetz zuteil geworden.

Doch ein Wort noch zum Türhüter und zu dessen Haltung gegenüber dem Mann vom Lande. Warum, so mag man fragen, läßt der Türhüter zwischen dem „noch nicht" und dem „nicht mehr" das Leben des Wartenden unerfüllt vorübergehen?

„Prüfe dich an der Menschheit", heißt es in einem Aphorismus Kafkas, „Den Zweifelnden macht sie zweifeln, den Glaubenden glauben."[2] Dem Zweifelnden, Unentschlossenen, Mutlosen muß der Türhüter gleichsam den Eingang verwehren. Ob jemand zum Eintritt berechtigt ist oder nicht, vermag er gar nicht zu beurteilen, denn er selbst stellt keine autonome Macht dar; seine Macht oder Machtlosigkeit hängen von der Haltung des Einlaßbegehrenden ab. Das hat Kafka schon im folgenden Satz über die Türhütergestalt des Josef K.-Fragmentes angedeutet: „Diese stummen untergeordneten Personen machen alles, was man von

---

[1] F. Kafka: *Hochzeitsvorbereitungen auf dem Lande und andere Prosa aus dem Nachlaß.* (Frankfurt a.M.) 1953, S. 216.
[2] Ibid, S. 47.

ihnen voraussetzt. [...] Denke ich, daß er [der Türhüter] mich mit unpassenden Blicken beobachtet, so tut er es wirklich."[1]

Wer zum Eintritt berechtigt ist, weist sich dadurch aus, daß er gleichsam allen Warnungen des Türhüters zum Trotz das Tor durchschreitet. Vom Türhüter ist daher nicht zu erwarten, daß er dem Manne sagt, dieser Eingang sei nur für ihn bestimmt, jedenfalls so lange nicht, wie noch die geringste Möglichkeit zum Eintritt besteht. Dessen muß sich der Einlaßbegehrende gewiß sein, oder er ist sich dessen nicht gewiß und spricht sich damit sein eigenes Urteil. Daher ist es im Grunde nicht der Türhüter, der dem Mann den Eintritt verwehrt, sondern die Angst des Mannes und in ihrem Gefolge Zweifel und Unentschlossenheit. Die schwerste und entscheidenste Probe im Leben des Mannes vom Lande besteht darin, Angst und Zweifel im Angesicht des Türhüters zu überwinden. Der einzige Zweck des Türhüters ist es, durch seine erschreckende Gegenwart und seine entmutigenden Worte den Einlaßbegehrenden auf die Probe zu stellen.

Lesen wir Kafkas Legende „gewissermaßen gegen den Strom", fassen wir sie anders auf als der auf seinen „ruhig einteilenden Verstand" vertrauende Josef K. des Prozeß-Romans, so stellen sich die vermeintlichen Widersprüche als scheinbar, als Paradoxa heraus. Es ist nur scheinbar ein Widerspruch, wenn der Türhüter dem Manne den Eintritt zu Anfang versagt und ihm am Schluß enthüllt, dieser Eingang sei nur für ihn bestimmt. Zweifellos ist der Eingang für den Mann bestimmt, nur hätte er, anstatt auf ausdrückliche Erlaubnis zu warten, von sich aus eintreten sollen.

---

[1] F. Kafka: *Tagebücher 1910-1923*, hrsg. von Max Brod, Frankfurt a.M. 1951, S. 414.

IV

Aus der Sicht der Tiefenpsychologie ist der Türhüter eine übermächtige Vater-Imago, die dem Sohn den Eintritt in ein eigenes, selbständiges Leben verwehrt. Tatsächlich stellt sich die Beziehung des Mannes zum Türhüter wie eine Vaterfixation dar: Mit seiner merkwürdigen Faszination *haftet* der Blick des Mannes am Türhüter; ein „jahrelanges Studium" widmet er dieser Gestalt und kommt bis zum Ende nicht von ihr los. Kafkas *Brief an den Vater*, in dem der Sohn von der „natürlich nie zu beendigende[n] innere[n] Ablösung" von seinem Vater spricht, könnte man als das Ergebnis eines jahrelangen Vater-Studiums bezeichnen.[1]

Über Kafkas Versuch, sich vom Vater zu lösen, heißt es darin: Dieser Versuch sei dem Vater ein sympathischer Gedanke gewesen; in Wirklichkeit aber sei er so ausgefallen „wie das Kinderspiel, wo einer die Hand des anderen hält und sogar preßt und dabei ruft: ‚Ach geh doch, geh doch, warum gehst Du nicht?' Was sich allerdings in unserem Fall dadurch kompliziert hat, daß Du das ‚geh doch!' seit jeher ehrlich gemeint hast, da Du ebenso seit jeher, ohne es zu wissen, nur kraft Deines Wesens mich gehalten oder richtiger niedergehalten hast."[2] Klingt hier nicht das Thema des Türhüters an? Wird der Mann vom Lande nicht vom Türhüter „gehalten oder richtiger niedergehalten"? Und entspricht dem „geh doch!" des Vaters nicht das Wort des Türhüters: „Wenn es dich so lockt, versuche es doch [...]"?

„Es ist überhaupt ein merkwürdiger Irrtum", schreibt Kafka an einer anderen Stelle des *Briefes an den Vater*, „wenn Du glaubst, ich hätte mich Dir nie gefügt [...]. Im Gegenteil: hätte ich Dir weniger gefolgt, Du wärest sicher viel zufriedener mit mir."[3] Hier begegnet das gleiche Paradoxon wie in Kafkas Türhütergeschichte: Hätte der Mann vom Lande dem Türhüter weniger gefolgt, wäre er ohne Erlaubnis in das Gesetz eingetreten,

---

[1] F. Kafka: *Hochzeitsvorbereitungen*, S. 195.
[2] Ibid, S. 215.
[3] Ibid, S. 175.

so hätte er das Richtige getan. Ja der Unwille des Türhüters am Schluß der Legende läßt zumindest die Vermutung zu, daß auch er „viel zufriedener" gewesen wäre, wenn der Mann den Eintritt gewagt hätte. Gewiß wäre es verfehlt, in der Legende nichts anderes zu sehen als Kafkas dichterische Gestaltung des Konfliktes mit dem Vater; daß auch dieser Konflikt sich in der Türhüterlegende spiegelt, wird man jedoch nicht von der Hand weisen können. Daß sich in der Figur des Türhüters für den Autor – bewußt oder unbewußt – auch der Vater verbirgt, erhellt aus einem Brief an Felice, in dem Kafka über den Vater schreibt: „Daß er mein Feind ist und ich seiner, so wie es durch unsere Natur bestimmt ist, das weißt Du, aber außerdem ist meine Bewunderung seiner Person vielleicht so groß wie meine Angst vor ihm. *An ihm vorbei kann ich zur Not, über ihn hinweg nicht.*" [Hervorhebung des Verf.][1]

Auch metaphysische oder religiöse Züge treten in dieser Türhütergeschichte zutage. Kafka hat sie als ‚Legende' bezeichnet. Er mag dabei vornehmlich an das der Legende eignende Unwirkliche oder Ungewöhnliche gedacht haben. Indes gewinnt die Bezeichnung Legende im Hinblick auf den *Prozeß*, wo ein Geistlicher sie im Raum der Kirche vorträgt, ihre ursprüngliche Bedeutung wieder, nämlich als religiös-erbauliche oder doch zumindest unterweisende Erzählung. In den Bereich des Metaphysischen weist die Perspektive nicht abzuschätzender, vielleicht unendlicher Entfernung, die den Mann vom Lande von einer Art innerstem Heiligtum zu trennen scheint. Überdies heißt es vom Gesetz, es solle „jedem und immer" zugänglich sein; „Tage und Jahre", ein Leben lang, sitzt der Mann vom Lande wartend davor, und gegen Ende seines Lebens erkennt er im Dunkel „einen Glanz, der unverlöschlich aus der Türe des Gesetzes bricht". All das scheint auf etwas unsere Vorstellungen von der sichtbaren Welt Übersteigendes hinzudeuten, ja wir möchten glauben, daß, wenn es für den Mann vom Lande eine zweite Möglichkeit geben sollte, in das Gesetz zu gelangen – und bei Kafka gibt es zum Leidwesen der „Helden" (und der Deuter) fast immer eine

---

[1] F. Kafka: *Briefe an Felice*. Frankfurt a.M. 1967, S. 452.

zweite Möglichkeit –, sie wohl darin bestehen müßte, an der Tür zum Gesetz wartend auszuharren in der unerschütterlichen Hoffnung, der Türhüter werde einmal, vielleicht durch eine höhere Macht dazu angehalten, den Weg freigeben. Auch unbeirrbares, geduldiges Warten mag ins Gesetz führen. Man denke hier etwa an eine Deutung der Legende im Sinne des Kafka-Wortes: „Wer sucht, findet nicht, aber wer nicht sucht, wird gefunden"[1] oder an die Worte des Kaufmanns Block im *Prozeß* (wenn wir ihnen trauen dürfen): „Das Warten ist nicht nutzlos, [...] nutzlos ist nur das selbständige Eingreifen."[2] Doch selbst für diese Alternative des geduldigen Wartens wäre die Haltung des Mannes nicht konsequent genug: Den Gedanken, daß das Gesetz „jedem und immer zugänglich" ist, gibt er bald auf; er ermüdet den Türhüter durch seine Bitten und versucht schließlich, ihn zu bestechen. Mit einem Wort: Er bleibt nicht unbeirrbar in seinem Glauben, sondern versucht, durch selbständiges Eingreifen – nur zu deutlich verrät das seine Zweifel – den Eintritt zu erreichen.

Sollte die Legende in ihrem Kern auf echten Widersprüchen beruhen, so daß sich die Deutung daran notwendig totlaufen müßte – Josef K. verliert sich ja völlig in den labyrinthischen Gedankengängen der „Exegese" und ist schließlich „zu müde, um alle Folgerungen der Geschichte übersehen zu können"[3] –, so hätte es wenig Sinn, überhaupt eine Deutung zu versuchen, es sei denn, man wollte prüfen, ob das Unbegreifliche tatsächlich unbegreiflich sei. Aber die Legende *Vor dem Gesetz* sagt mehr als jene Gleichnisse, von denen Kafka einmal schrieb, sie wollten eigentlich nur sagen, daß das „Unfaßbare unfaßbar ist"[4]. Das Dilemma des Mannes vom Lande ist vielmehr darin zu sehen, daß er auf halbem Wege stehenbleibt: Er hat weder den Mut, von sich aus ins Gesetz einzutreten, noch den Glauben, unbeirrbar auszuharren, bis der Eingang für ihn freigegeben wird.

Unsere Deutung versuchte, den Aspekt der möglichen Schuld des Mannes im Sinne einer Unterlassung ins Auge zu fassen; der

---

[1] F. Kafka: *Hochzeitsvorbereitungen*, S. 94.
[2] F. Kafka: *Der Prozeß*, S. 211.
[3] Ibid, S. 264.
[4] F. Kafka: *Beschreibung eines Kampfes*. Frankfurt a.M. o.J. [1954], S. 96.

andere Aspekt (Unschuld des Mannes und teuflische Absicht des Türhüters) ist offensichtlicher und wurde daher bei der Kafka-Deutung stärker beachtet. Doch erst das Zusammenwirken beider Aspekte, das ständige Übergehen des einen in den anderen, vereitelt letztlich jeden Versuch, Kafkas Dichtung rational aufzulösen. Kafkas Türhütergeschichte läßt aber noch ein Zweites erkennen, den tieferen Grund für den nicht erreichten Durchbruch zum Leben: die Angst und die von ihr bestimmte Denkungsart, der unablässig nagende Zweifel statt des vom Leben notwendig geforderten Wagnisses. Die Angst des Einlaßbegehrenden ist es, die dem Türhüter die Macht verleiht, den Eintritt zu verwehren.

Es hieße, der Absicht des Textes (wenn man von einer solchen sprechen kann) und, so vermute ich, der des Autors entgegenzuwirken, wollte man versuchen, das Paradoxon der ‚Legende' aufzulösen. Für die Türhüterlegende gilt, was Kafka in dem kurzen Text *Prometheus* über die Sage schreibt: Sie versuche das Unerklärliche zu erklären. Da sie aber „aus einem Wahrheitsgrund" komme, müsse sie wieder „im Unerklärlichen enden".[1] Die „innere Wahrheit" einer Dichtung aber, das schreibt Kafka einmal im Hinblick auf seine Erzählung *Das Urteil*, müsse von „jedem Leser oder Hörer" immer wieder „von neuem zugegeben oder geleugnet werden"[2], zu „erklären" ist sie nicht.

---

[1] F. Kafka: *Hochzeitsvorbereitungen*, S. 100.
[2] F. Kafka: *Briefe an Felice*, S. 156.

‚Leben und Werk' im Blickfeld der Deutung

Überlegungen zur Kafka-Interpretation

I

Ein fiktionaler Text kann den Anspruch erheben, als etwas Selbständiges, vom Autor Gelöstes betrachtet zu werden. Zugleich aber mag dieser Text mit dem Persönlichsten, Privatesten seines Autors aufs engste verbunden sein. Dieser scheinbare Widerspruch wurde von der Literaturwissenschaft wiederholt gesehen und dargestellt. Interpretationen aber haben mit dieser Problematik oft ihre Schwierigkeiten: Entweder sie ignorieren die Biographie des Autors völlig, oder aber sie geben ihr soviel Gewicht, daß die künstlerische Gestalt des Werkes nur noch als ästhetisches Beiwerk abgetan wird. So scheint es denn immer wieder geboten, sich um Kategorien zu bemühen, unter denen biographische Informationen auf angemessene, d.h. der Eigenständigkeit der Dichtung Rechnung tragende Weise für die Deutung nutzbar gemacht werden können.

Daß dabei in unserem Jahrhundert der Biographie eine wichtigere Rolle zukommt als in den früheren, in denen die Ausdrucksmittel der Kunst festen Konventionen unterworfen waren, wird man kaum bestreiten. Denn die einst geltende Verbindlichkeit poetischer Zeichen besteht nicht mehr; sie hat – zum Teil äußerst willkürlich erscheinenden – „objektiven Korrelaten" weichen müssen, metaphorischen Entsprechungen höchst individueller Empfindung und Vorstellung, ja bisweilen einer Symbolik überaus privater Natur. Und so wird man denn, solange eine Beschäftigung mit Autoren wie Yeats und Rilke, Joyce und Kafka für sinnvoll gilt, die Hilfe kaum zurückweisen wollen, welche die Biographie der Deutung zu gewähren vermag. Umsichtiger Gebrauch dieser Hilfe mag dem Leser die Wege öffnen zu einem tieferen und zugleich genaueren Verständnis der Dichtung. Er sollte ihn zudem in die Lage versetzen, jenen Kommentaren wirksam zu begegnen, die ihren Gegenstand gebrauchen als Ausgangspunkt ungehemmter Spekulation.

Friedrich Beißner verzichtete in seinen mit Recht weit beachteten Kafka-Studien offenbar ganz bewußt – aber stillschweigend – auf die Hilfe der Biographie.[1] Martin Walser, dessen Dissertation Beißner betreute, forderte hingegen apodiktisch: „Bei Kafka muß man das Leben aus dem Werk erklären, während das Werk auf die Erhellung durch die biographische Wirklichkeit verzichten kann."[2] Je vollkommener die Dichtung sei, erklärt Walser in der Einleitung zu seinem Buch, desto weniger verweise sie auf den Dichter. Nur bei der nicht vollkommenen Dichtung sei der Dichter zum Verständnis nötig; das Werk sei dann „nicht unabhängig geworden" von der Biographie des Dichters, Leben und Werk bedürften der Vergleichung, weil das eine auf das andere verweise. Kafka hingegen sei ein Dichter, der „seine Erfahrung so vollkommen bewältigt" habe, daß der „Rückgriff auf das Biographische überflüssig" sei. Im weiteren sucht Walser aufzuzeigen, wie Kafka im Laufe der Jahre seine „bürgerlich-biographische Persönlichkeit" immer weiter „reduziert, ja zerstört" habe, um dafür die „dichterische Persönlichkeit" auszubilden.

Daß Kafka eine solche Konzentration auf sein Schreiben hin immer wieder anstrebte, steht außer Zweifel. Wie weit es ihm aber tatsächlich gelang, ja in welchem Maße es überhaupt möglich ist, die bürgerlich-biographische Persönlichkeit zugunsten der dichterischen zu reduzieren oder gar zu zerstören (ohne daß Bürgerlich-Biographisches dabei unversehens und ganz unmittelbar seinen Weg in die Dichtung fände), ist eine andere Frage. Das bleibt doch im Grunde nur interessante gedankliche Konstruktion, eine Konstruktion freilich, der Kafka selbst vermutlich zugestimmt hätte. Doch so gern der Prager Autor dem Primat einer „geistigen Welt" das Wort redete und so stark seine Abneigung gegenüber der physischen Welt auch zeitweilig gewesen sein mochte, sein Leben war – das sollte man über

---

[1] F. Beißner: *Der Erzähler Franz Kafka* (Stuttgart 1952); *Kafka, der Dichter* (Stuttgart 1958) und *Der Schacht von Babel. Zu Kafkas Tagebüchern* (Stuttgart 1963).
[2] M. Walser, *Beschreibung einer Form. Versuch über Franz Kafka* (München 1961), S. 17.

der „Metaphysik" mancher Deutungen nicht vergessen – keine Fiktion, sondern vollzog sich im Bereich empirischer Wirklichkeit. Kafka litt, wie er Mitte August 1917 zu seiner Bestürzung feststellen mußte, an einer wirklichen Tuberkulose, wenn er sich auch für „geistig krank" hielt und in seiner Lungenkrankheit nur ein „Aus-den-Ufern-treten der geistigen Krankheit" zu sehen glaubte.[1] Statt sich auf Abstraktionen höchst eigenwilliger Vorstellungen zu beschränken, so sehr Kafka diese auch nahezulegen scheint, sollte man *beide* Aspekte im Blick behalten: Kafkas oft beschworenes Wunschbild seiner dichterischen Existenz – „sich vollkommen auszunützen, sich ohne Asche zu verbrennen" (F 567) – und zugleich das, was der Autor in dieser Hinsicht innerhalb der empirischen Realität tatsächlich zu erreichen vermochte.

Wenig überzeugend ist auch die von Walser implizierte Alternative, ein Werk sei entweder biographisch bestimmt, also nicht unabhängig geworden von der Biographie des Dichters und, da es eine persönliche Problematik ausspricht, unvollkommen. Oder aber es sei unabhängig geworden und dürfe gleichsam das Prädikat der Vollkommenheit für sich in Anspruch nehmen. Bedenklich scheint zudem das Argument, jeder Rückgriff auf das Biographische sei im Falle Kafkas deshalb überflüssig, weil die „Verwandlung der Wirklichkeit schon *vor* dem Werk vollzogen" worden sei, eben durch die schon erwähnte Zerstörung der bürgerlich-biographischen Persönlichkeit. Denn was Walser hier postuliert, würde nichts Geringeres voraussetzen als eine restlose Verwandlung biographischer Wirklichkeit – was schlechterdings nicht möglich ist.

---

[1] Franz Kafka, *Briefe an Milena*. Erweiterte und neugeordnete Ausgabe. Hrsg. von Jürgen Born und Michael Müller (Frankfurt am Main 1983), S. 29; alle folgenden Verweise auf Werke Kafkas beziehen sich auf die bei Schocken Books und S. Fischer erschienene Ausgabe: Franz Kafka, *Gesammelte Werke* (Frankfurt am Main 1950ff.) Die einzelnen Bände werden wie folgt abgekürzt: B: *Beschreibung eines Kampfes*. Novellen, Skizzen, Aphorismen aus dem Nachlaß; Br: *Briefe 1902-1924;* E: *Erzählungen;* F: *Briefe an Felice*. Hrsg. von Erich Heller und Jürgen Born; H: *Hochzeitsvorbereitungen auf dem Lande und andere Prosa aus dem Nachlaß;* Mi: *Briefe an Milena,* hrsg. von Jürgen Born und Michael Müller; O: *Briefe an Ottla*. Hrsg. von Hartmut Binder und Klaus Wagenbach; P: *Der Prozeß;* Sch: *Das Schloß;* T: *Tagebücher 1910-1923*.

Daß empirische Wirklichkeit in verwandelter, „umgesetzter" Form in die Dichtung Kafkas Eingang fand, wird niemand bezweifeln. Aber hier wird nun genauer zu fragen sein: Erscheinen in der Dichtung nur P a r t i k e l aus der empirischen Welt – nunmehr in ganz anderer, der einzelnen Dichtung und ihren Gesetzen subordinierter Anordnung? Oder fanden ganze T h e m e n k o m p l e x e (z.B. Vater-Sohn-Konflikt, Junggesellendasein, Heiratsversuche u.a.) Eingang in die Dichtung?

Beides, so viel sei hier schon gesagt, ist bei Kafka der Fall. Aber es bedarf einer genauen Unterscheidung: Denn die Beamtenhierarchien in den Romanen *Der Prozeß* und *Das Schloß* werden, so eindringlich sie auch geschildert sind, nie selbst zum Thema; sie „verdanken" vielmehr ihre undurchsichtige Existenz den Hauptfiguren dieser Romane, nur im Hinblick auf diese sind sie angelegt. Nur auf Josef K. hin ist die Gerichtsbehörde entworfen, nur auf K. hin die Beamtenhierarchie des Schlosses konzipiert.[1] Hingegen hat der Vater-Sohn-Konflikt – etwa im *Urteil* oder in der *Verwandlung* – als tiefgreifendes seelisches Erlebnis offensichtlich zentrale Bedeutung. Hier hat biographisch bestimmbare Wirklichkeit, seelisches Erleben als ganzer Themenkomplex den Weg in die Dichtung gefunden.

Nicht nur Kafka, von dem es hieß, er habe seine „bürgerlich-biographische Persönlichkeit reduzieren, ja zerstören" wollen, auch Autoren, die Derartiges nicht im Sinne haben, verwandeln Wirklichkeit „schon vor dem Werk". Zum andern läßt sich mühelos nachweisen, daß Kafka noch während des Schreibens – bewußt oder unbewußt – Realitätspartikel in sein Werk aufnahm;[2] und daß Kafkas Werk nicht auf seinen Autor verweise, wird man heute kaum noch aufrechterhalten können: Nicht nur das Werk verweist auf den Autor, der Autor selbst hat immer wieder auf den Zusammenhang zwischen sich (und zwar durchaus als „bürgerlich-biographische Persönlichkeit") und seinem Werk

---

[1] Ernst Fischer ist der Ansicht, Kafka habe in seinem Werk von „Erscheinungen der ebenso realen wie gespenstischen Habsburger-Monarchie" berichtet. Vgl. E.F., *Von der Notwendigkeit der Kunst* (Hamburg 1967), S. 109-110.
[2] Vgl. Kafkas Hinweis auf die Aufnahme solcher Partikel in den Amerika-Roman in seinem Brief an Felice Bauer vom 1. November 1912. (F 66)

verwiesen.[1] Verfehlt scheint es freilich, daraus ein Kennzeichen der „Unvollkommenheit" ableiten zu wollen. Mit solchen Kriterien würde man weder der Dichtung Kafkas noch der einer ganzen Reihe anderer Autoren des 20. Jahrhunderts gerecht.

Man hat die streng gewahrte Erzählperspektive Kafkas immer wieder lobend hervorgehoben, die „Einsinnigkeit" (F. Beißner) seines Erzählens bewundert, ohne sich vielleicht ganz zu vergegenwärtigen, welches Maß an Übereinstimmung zwischen Autor, Erzähler und Protagonist sie voraussetzt. So einsinnig erzählen kann nur jemand, der sich völlig in die Situation seines Helden hineinzudenken vermag, anders ausgedrückt: der den Helden zum Teil seiner selbst macht (oder sich zu einem Teil seines Helden). Das aber erhöht die Wahrscheinlichkeit unserer Vermutung (und der Kafkas), daß vieles in seine Dichtungen Eingang fand, wovon er selbst stark betroffen war, ja daß Kafka in gewissem Sinn „über sich selbst" schrieb. Ähnliches erwägt auch Fritz Martini in seiner Analyse der Sprache Kafkas; er fragt nämlich, ob man in dieser Prosa, in der es „keine Festigkeit des substantiellen Seins" gibt, nicht die „Existenznot des Autors" als die dauernde Mitte dieses Erzählens zu erkennen vermöchte.[2] Indem aber Kafka in seiner Dichtung dem, was er erlebte, Gestalt verlieh, objektivierte er es, rückte es von sich ab und gab ihm so – gleichsam im Augenblick des Schreibens – den Charakter des Überpersönlichen; indem er in der Dichtung seine Existenznot spürbar werden ließ, sprach er zugleich die seiner Generation aus, ja er antizipierte auch die unserer Zeit.

Bemerkenswert scheint nun, daß das seelische Erleben des Autors seine ersten Impulse offenbar aus dem Bereich biographischer Wirklichkeit empfängt (im Falle Kafkas: die Begegnung mit seiner späteren Verlobten, die Lösung des Verlöbnisses im Juli 1914 etc.), daß dieses seelische Erleben sich dann aber weitgehend von der biographischen Wirklichkeit löst und innerhalb der fiktionalen Welt der Dichtung, im entstehenden Werk, ja

---

[1] Besonders spontan in einem Brief an Felice: „Der Roman bin ich, meine Geschichten sind ich [...]". (F 226f.)
[2] Fritz Martini, *Das Wagnis der Sprache*. Interpretationen deutscher Prosa von Nietzsche bis Benn (Stuttgart 1954), S. 292.

ihm gleichsam vorauseilend, sich weiter vollzieht. In den Seiten seines Manuskriptes öffnet sich dem Autor ein neuer, völlig selbständiger Erlebnisbereich; ein Bereich, in dem er freilich, konkret gesprochen, täglich mehrere Stunden schreibend verweilt. Wie sehr Kafka, besonders seit dem Beginn seines nächtlichen Schreibens im Herbst 1912, darin lebte, geht aus zahlreichen Tagebucheintragungen und Briefen hervor.[1] Über eine Stelle seines Amerika-Romans habe er, so berichtet er seiner Verlobten, eines Nachts so stark geweint, daß es ihn in seinem Lehnstuhl schüttelte und er fürchten mußte, mit seinem „nicht zu bändigenden Schluchzen" die im Nebenzimmer schlafenden Eltern zu wecken. (F 136) Nach dem nächtlichen Schreiben braucht er oftmals längere Zeit, bis er sich wieder „an die wirkliche Welt gewöhnen" kann. (F 145) Doch wie immer sich auch das seelische Erleben des Autors in seiner Dichtung weiterentwickelt – Kafka lebt ja zu solchen Zeiten *mit* und *in* seinem Werk –, bestimmend, richtungsweisend bleibt offenbar (oder blieb jedenfalls für ihn) der ursprüngliche, auf biographische Wirklichkeit zurückgehende seelische Impuls: Er wirkt fort und bestimmt die Dichtung in ihrer Grundtendenz. Zuweilen durchkreuzt ein solcher Impuls sogar die zuvor entworfene Handlung einer Geschichte, ja verwandelt sie von Grund auf: Als Kafka sich zum Schreiben einer Erzählung niedersetzte, die er später *Das Urteil* nannte, wollte er etwas anderes darstellen: eine Kriegsszene, in der ein junger Mann von seinem Fenster aus „eine Menschenmenge über die Brücke herankommen sehn" sollte. Dann aber, so berichtet Kafka, „drehte sich mir alles unter den Händen". (F 394)[2]

II

So sinnvoll es denn erscheint, die Biographie des Autors bei der Deutung in Betracht zu ziehen, so dringend stellt sich sogleich die Frage, *auf welche Weise* biographische Fakten bei der

---

[1] Nach der intensiven Arbeit an der *Verwandlung* hat er Mühe, aus der fiktiven Welt der Erzählung in die Wirklichkeit zurückzufinden. (Vgl. F 145 u. 147)
[2] Bemerkenswert bleibt, daß der Krieg auf andere Weise doch noch Eingang fand in die Erzählung: in der Vision des Freundes in Rußland.

Interpretation Verwendung finden sollten. Ausgehen müssen wir davon, daß es im Leben eines jeden Menschen so etwas wie primäre Erfahrungen gibt, die ihn im Tiefsten prägen; das gilt selbstverständlich auch für den Schriftsteller und – gleichsam durch ihn hindurch – für sein Werk. Was als primärer Erfahrungskreis den Autor geformt hat (seine Kindheit, das Zusammenleben mit Eltern und Geschwistern), wird – ob sich der einzelne dessen bewußt ist oder nicht – bis zu einem gewissen Grad auch in seinem Werk zum Ausdruck gelangen. Es ist der Gedanke, den Hofmannsthal einmal ein wenig überspitzt formulierte, als er schrieb, jeder Dichter gestalte „unaufhörlich das *eine* Grunderlebnis seines Lebens."[1] Thomas Mann gab diesem Gedanken noch umfassendere Bedeutung, als er im *Zauberberg* Settembrini sagen ließ: „Der Mensch tut keine nur einigermaßen gesammelte Äußerung allgemeiner Natur ohne sich ganz zu verraten, unversehens sein eigenes Ich hineinzuverlegen, das Grundthema und Urproblem seines Lebens irgendwie im Gleichnis darzustellen."[2] So überzeugend dieser Gedanke klingt, die Schwierigkeit liegt natürlich in dem „irgendwie", liegt in der Frage, auf welche Weise „Grundthema und Urproblem" eines Lebens im Gleichnis zum Ausdruck gelangen. Sie ist bei jedem Autor anders zu beantworten. Hier sei versucht, sie am Beispiel Kafkas, von gewissen inhaltlichen Kriterien seiner Dichtung ausgehend, näher zu bestimmen.

Bestimmte G r u n d s i t u a t i o n e n, Vorstellungen, deren Verbindung zur Biographie des Autors unschwer zu erkennen ist, beherrschen weitgehend seine Erzählungen und Romane. Besonders klar wird das am Schicksal seiner Hauptfiguren: In keiner seiner Dichtungen erreichen sie ihr Ziel. Nie führt ihr Weg zu einem versöhnlichen, geschweige denn glücklichen Ausgang. Und man kann sich schlechterdings kaum vorstellen, daß Kafka es vermocht hätte, *psychisch* vermocht hätte, eine solche Erzählung oder einen solchen Roman zu schreiben. Ja er

---

[1] Hugo von Hofmannsthal, „Der neue Roman von D'Annunzio," *Prosa I* (Frankfurt am Main 1956), S. 234.
[2] Thomas Mann, *Der Zauberberg*, Ges. Werke, Bd. 3 (Frankfurt am Main 1960), S. 495.

selbst glaubte, daß das Beste, was er geschrieben habe, in seiner „Fähigkeit, zufrieden sterben zu können, seinen Grund" habe; solche den Leser rührenden Schilderungen seien für ihn „im geheimen ein Spiel", denn er freue sich ja, „in dem Sterbenden zu sterben". (T 448) Begreiflicherweise wurden auch bald Zweifel laut an dem rechten Verständnis dessen, was Max Brod über den intendierten Schluß jenes Roman-Fragments zu berichten wußte, das er *Amerika* nannte, das Kafka aber stets mit dem Titel *Der Verschollene* bezeichnet hatte.

In allen Romanen Kafkas, auch im *Verschollenen,* sieht sich der Held einer Welt gegenüber, in deren augenscheinlich hierarchischer, jedoch weder für ihn noch den Leser je ganz zu überschauenden Ordnung er sich unweigerlich verirrt. Immer erweist sich diese Welt als stärker; immer unterliegt er, so sehr er auch entschlossen ist, den Kampf durchzustehen. Oder aber die Handlung bricht ab, so daß der Leser über das Schicksal des Helden im Ungewissen bleibt. Frauengestalten spielen in der Dichtung dieses Autors – mit Ausnahme der grotesk überdimensionierten Brunelda des Amerika-Romans – eine untergeordnete Rolle; sie sind für den Mann, einschließlich des Helden, nur „Liebesobjekt", oder aber ihnen fällt die zweifelhafte Aufgabe zu, für den Helden Fürsprache einzulegen bei den Vertretern der Macht; die Aufgabe, den „Rettung-Suchenden", die sich „immer auf die Frauen werfen", zu helfen. (Mi 68) Als „Liebesobjekt" scheinen sie überdies den Helden von seinem Streben – so fragwürdig dieses auch sein mag – abzulenken. Zu einer tieferen menschlichen Verbindung, einer auch auf geistig-seelischer Gemeinsamkeit beruhenden Beziehung zu einer Frau, kommt es nie.

Der Welt der Frau steht die des Mannes als eine Welt starrer, scheinbar widersinniger, Ordnungen gegenüber. Fehlt in der Welt der Frau die Figur der Mutter fast völlig, so wird die Welt des Mannes von stark profilierten Vatergestalten beherrscht. Aber es sind keine gütigen Väter: Vergebung gibt es hier nicht. Die „Schuld" des Helden, wie immer diese auch aufzufassen sei, zieht unweigerlich eine Bestrafung nach sich; selbst Versehen und Irrtum sind unentschuldbar, auch nur ein einziger falscher Schritt ist, mit dem Schlußwort der Landarzt-Erzählung zu sprechen, „niemals gutzumachen". Befreiungs- oder Erlösungsszenen gibt es nur als Wunschtraum;[1] die Botschaft des Kaisers ist zwar unterwegs, muß aber unendliche Entfernungen überwinden, ehe sie zu dir dringt; indessen sitzt du „an deinem Fenster und erträumst sie dir, wenn der Abend kommt". (E 170) Und die Erlaubnis, daß er im Dorf zu Füßen des Schlosses werde wohnen und arbeiten dürfen, erreicht den Landvermesser K. – selbst nach der Mitteilung Max Brods – erst auf dem Sterbebett. (Sch 527)

Diese Züge führen uns unübersehbar die Grenzen der Kafkaschen Welt vor Augen. Sie erklären sich aus seiner Weltsicht, zugleich aber auch aus einer Begrenzung seelischer Möglichkeiten, der freilich jeder Mensch unterworfen ist. Der Zusammenhang zwischen der Biographie des Autors und seiner Dichtung läßt sich hier nicht zurückweisen. Doch kausale Überlegungen – etwa: Kafkas Helden mußten ausnahmslos untergehen, w e i l der Autor in seinem „Kampf mit dem Vater" immer wieder zu unterliegen glaubte – würden uns hier kaum weiterführen. Im Sinne der Tiefenpsychologie mag ein solcher Schluß richtig sein, einer Interpretation, die der Dichtung Eigenwert einräumt, genügt sie nicht. Ja auf diesem Wege käme man allzu schnell in die Gefahr, das Kunstwerk auf die Person des Künstlers und deren Besonderheiten zu reduzieren, in die Gefahr eines platten „Biographismus". Unsere Überlegungen werden aber nicht von dem Gedanken geleitet, intensive Beschäftigung mit der Biographie des Autors würde uns als Ergebnis die Deutung des Werkes an die Hand geben. Sie gehen vielmehr von der Annahme aus, eine solche Beschäftigung könne – möglicherweise als Korrektiv – zur Deutung eines Werkes beitragen.

Wo aber liegen in der Kafka-Interpretation die Grenzen zwischen einer ästhetisch gerechtfertigten Berücksichtigung biographischer Fakten und jenem für das Kunstwerk verständnislosen „Biographismus"? Im Folgenden sei versucht, sie näher zu bestimmen. Ein wesentlicher Unterschied zeigt sich vor allem

---

[1] Vgl. T 518-519: „Ich saß immer tief in der Werkstatt, ganz im Dunkel [...]" oder in H 40 den „Rest von Glauben", den Kafka in seinen Betrachtungen über Sünde, Leid und Hoffnung und den wahren Weg (Betrachtung Nr. 13) beschreibt.

an der Blickrichtung des Betrachters: Im ersten Falle bleibt der Blick stets auf das Werk gerichtet, um dessen Deutung willen biographische Informationen überhaupt erst herangezogen werden; im zweiten richtet sich die Aufmerksamkeit auf die Biographie um ihrer selbst willen. Auch das eindeutig in künstlerischer Absicht geformte Werk wird einzig daraufhin untersucht, was es über die *Person* des Künstlers aussagt.

Vorauszugehen hätte dem hier erwogenen Weg der Deutung der Versuch, anhand von Tagebüchern, Briefen und Berichten anderer den „Stellenwert" zu ermitteln, den bestimmte Wörter und die von ihnen evozierten Vorstellungen für den Autor hatten: „Mädchen" meint z.B. bei Rilke etwas anderes als bei Kafka. Festzustellen wäre auch, für welchen Zeitraum dieser „Stellenwert" Geltung hatte: „Engel" bedeutet für den Rilke der Prager Jahre (bis 1896) etwas anderes als für den Rilke der *Duineser Elegien*. Eine solche Analyse der biographischen Schriften sollte dem Leser Erkenntnisse vermitteln, die ihn zu einem genaueren Verständnis des Textes führen und auf diese Weise zur Erhellung des gesamten Werkes beitragen.[1] Biographische Schriften in diesem Sinne auszuwerten, ist in der Philologie längst (wenn auch nicht allgemein) geübte Praxis. Das wäre indes nur der erste Schritt, die vorausgehende Arbeit; der hier ins Auge gefaßte Weg einer die Biographie berücksichtigenden Deutung meint noch etwas anderes, wovon im weiteren zu reden sein wird.

Fürs erste sei festgehalten: Es ist wenig sinnvoll, vom Werk aus auf die geistig-seelischen oder physischen Bedingungen zu schließen, denen der Autor vor und während des Schaffens unterworfen war und deren Spuren man im Werk zu finden vermeint. Das gestaltete Werk hat nicht biographischen Zeugnischarakter wie etwa Briefe und Tagebücher (obschon selbst deren Zeugnischarakter durch Stilisierungen des Autors oft genug zweifelhaft ist). Vielmehr hat es Anspruch darauf, als autonomes Kunstwerk verstanden zu werden. Denn: Welche Kräfte auch

---

[1] Vgl. den Versuch des Verfassers, Wort und Bedeutung von ‚berechnen' und ‚rechnen' bei Kafka genauer zu verstehen und auf die Poseidon-Geschichte anzuwenden: J.B., „Kafkas unermüdliche Rechner", *Euphorion* 64 (1970), S. 404-413. Im vorliegenden Band auf den Seiten 37-53.

immer an seiner Entstehung mitgewirkt haben mögen, als auslösendes oder die Dichtung nachhaltig bestimmendes Moment, sie sind in dem Augenblick, da es künstlerische Gestalt gewann, zu etwas anderem geworden. So heterogen auch die Elemente gewesen sein mochten, die darin Eingang fanden, sie haben ihre frühere Wesensbestimmung aufgegeben und erhalten ihre jetzige Bedeutung ausschließlich aus dem Zusammenhang des Werkes, dessen innerem Gesetz sie seither unterworfen sind. „Die Wirklichkeit, die ein Dichter seinen Zwecken dienstbar macht", schreibt Thomas Mann im Jahre 1906, „mag seine tägliche Welt, mag als Person sein Nächstes und Liebstes sein; er mag sich dem durch die Wirklichkeit gegebenen Detail noch so untertan zeigen, mag ihr letztes Merkmal begierig und folgsam für sein Werk verwenden: Dennoch wird für ihn – und sollte für alle Welt! – ein abgründiger Unterschied zwischen der Wirklichkeit und seinem Gebilde bestehen bleiben: der Wesensunterschied nämlich, welcher die Welt der Realität von derjenigen der Kunst auf immer unterscheidet".[1] Wir zögern nicht, dem Autor der *Buddenbrooks* beizustimmen, vermuten aber, daß der Interpret – dieses Wesensunterschiedes durchaus eingedenk – Schlüsse zu ziehen vermag aus der *Haltung* des Autors gegenüber jener Wirklichkeit, die er „seinen Zwecken dienstbar" zu machen wußte.

III

Besonders schwer zu überschauen ist, jedenfalls auf den ersten Blick, der Zusammenhang zwischen Leben und Werk im Falle des Prozeß-Romans. Hier scheinen beide ungemein eng miteinander verwoben: Der Roman entstand zum größten Teil im zweiten Halbjahr 1914; Kafka begann ihn etwa drei Wochen nach der Lösung des Verlöbnisses mit Felice, gewissermaßen im Vollgefühl seiner Schuld. „Teuflisch in aller Unschuld" kennzeichnet er sich jedenfalls im Tagebuch nach der Aussprache mit den Eltern seiner Verlobten. (T 408) Und man wird

---
[1] Thomas Mann: *Gesammelte Werke* (Frankfurt a.M. 1960), Bd. X, S. 11-22, („Bilse und ich").

auch das Wort Max Brods, der den *Prozeß* (und die Erzählung *In der Strafkolonie*) „Dokumente dichterischer Selbstbestrafung, imaginierte Sühnehandlungen" nannte, nicht ohne weiteres von der Hand weisen.[1] Jedenfalls nicht, wenn man an die Aufzeichnungen Kafkas vom 19. Dezember 1914 denkt, in denen er seinem Tagebuch anvertraut, er habe „ruhig drei Stunden" geschrieben, im Bewußtsein dessen, daß seine Schuld „zweifellos" sei. (T 449) Oder wenn man sich jenes Briefes erinnert, den Kafka im Oktober 1914 – also mitten in der Entstehungszeit des Romans – an Grete Bloch schrieb, und in dem es heißt, sie habe zwar im „Askanischen Hof" als Richterin über ihm gesessen, aber das habe nur so ausgesehen: In Wirklichkeit habe *er* auf ihrem Platz gesessen und ihn „bis heute nicht verlassen". (F 615) Äußerungen dieser Art deuten auf ein Schreiben hin, das in einem geradezu wörtlichen Sinne dem bekannten Ibsen-Wort vom Dichten als „Gerichtstag halten über das eigene Ich" entspricht.

Außerdem hat ja der Autor selbst zweimal sehr deutlich auf die Verbindung zwischen sich und Josef K. hingewiesen, und zwar in einer für die Deutung des Romans relevanten Weise: Mitte November 1917 schrieb er an Max Brod, er habe sich „in der Stadt, in der Familie, dem Beruf, der Gesellschaft, der Liebesbeziehung [...], der bestehenden oder zu erstrebenden Volksgemeinschaft, in dem allen" habe er sich „nicht bewährt"; was ihm bevorstünde – damit schließt Kafka diesen Passus seines Briefes –, sei: „ein elendes Leben, elender Tod". Dem fügt er hinzu: „Es war, als sollte die Scham ihn überleben" sei etwa das Schlußwort des Prozeß-Romans. (Br 194f.) In dem berühmten, zwei Jahre später geschriebenen *Brief an den Vater* findet sich ein ähnlicher Hinweis auf den Schluß des Romans. An seinen Vater schreibt Kafka: „Ich hatte vor Dir das Selbstvertrauen verloren, dafür ein grenzenloses Schuldbewußtsein eingetauscht. (In Erinnerung an diese Grenzenlosigkeit schrieb ich von jemandem einmal richtig: ‚Er fürchtet, die Scham werde ihn noch überleben.')" (H 196)

---

[1] M. Brod, *Franz Kafka. Eine Biographie*. Dritte, erw. Aufl. (Frankfurt am Main 1954), S. 178.

Walsers These von der vollkommen bewältigten Erfahrung und der Zerstörung der bürgerlich-biographischen Persönlichkeit bei Kafka läßt sich angesichts dieser Äußerungen kaum aufrecht erhalten. Aber es geht hier nicht darum, Walsers Thesen zu widerlegen; vielmehr sollten angesichts der im Prozeß-Roman offensichtlichen Verknüpfung von Leben und Werk der Deutung neue Wege gewiesen werden, die dieser Tatsache Rechnung tragen, statt sie kurzerhand zu ignorieren. Denn offenbar bestimmte das Bewußtsein eigener Schuld die seelische Haltung des Autors vor und während der Entstehungszeit des Romans. Daß sich diese Haltung in der Grundtendenz des Werkes wiederfindet, ist anzunehmen. Beziehen wir diese Aspekte in unser Blickfeld ein, so betrachten wir das Werk freilich nicht im Sinne einer werkimmanenten Kritik, vermeiden aber zum anderen auch das Extrem des „Biographismus". Wir betrachten es gleichsam Seite an Seite mit dem Autor und können so hoffen, genauer zu erkennen, was sich *für ihn* mit seiner Dichtung verband. Aus dieser Sicht wird verständlich, warum Kafka den Helden seines Prozeß-Romans als den „Schuldigen" bezeichnet, ja es wird auch deutlich, in welchem Bereich etwa nach den Gründen jener Schuld zu suchen ist, von der es im Roman heißt, erst durch sie werde das Gericht angezogen. Der hier gewonnene Blickpunkt sollte uns auch in die Lage versetzen, selbst in der schwer zu übersehenden Vielzahl und Vielfalt der Kafka-Deutung, der Intention des Werkes (im Sinne des Autors) zuwiderlaufende Interpretationen als solche zu erkennen. Es sollte uns daran zweifeln lassen, daß Josef K. nur in einem *rein* „existentiellen" Sinne schuldig ist, wie das einmal in seinen Worten anzuklingen scheint: „Wie kann denn ein Mensch überhaupt schuldig sein. Wir sind hier doch alle Menschen, einer wie der andere". (P 253)

Gewiß wird sich keine Deutung des Prozeß-Romans, noch die anderer Dichtungen Kafkas, auf biographische Aspekte beschränken wollen; sie wird die Dichtung unter ästhetischen Gesichtspunkten betrachten, die biographischen Aspekte aber in ihre Überlegungen einbeziehen. Auf diese Weise kann sie aber für sich in Anspruch nehmen, in das Verständnis dessen einzuführen, was sich *für den Autor* mit seinem Werk verband, und so – selbst bei schwer zugänglichen Dichtungen – Grundlinien und Tendenzen (in seinem Sinne) erkennbar zu machen. Denn: So sicher wie zwischen Leben und Werk, zwischen biographischer Realität und literarischer Thematik niemals I d e n t i t ä t möglich ist, so sicher kann natürlich zwischen beiden eine Art partieller K o n g r u e n z bestehen. Und eben diese thematische Kongruenz scheint uns für die Interpretation einer Reihe von Kafka-Dichtungen bis 1916 – darunter *Das Urteil, Die Verwandlung* und *Der Prozeß* – bedeutsam.[1]

Dank der besonderen Fähigkeit des Künstlers, Elemente aus der empirischen Wirklichkeit „einzuschmelzen", persönlich Erfahrenes im Werk „umzusetzen", finden häufig genug mehr solcher Elemente Eingang ins Werk als man gemeinhin annimmt: Freilich wird man unterscheiden müssen zwischen Elementen, deren Bedeutung – nach dem Prozeß des „Umsetzens" – in der literarischen Komposition ganz aufgeht, und solchen, deren Bedeutung sich erst im Lichte der Biographie erschließen läßt: So wird z.B. am Ende des Prozeß-Romans nicht deutlich, auf wen sich Josef K. bezieht, wenn er im Zusammenhang mit seinem Unvermögen, sich selbst das Messer einzubohren, denkt: „[...] die Verantwortung für diesen letzten Fehler trug der, der ihm den Rest der dazu nötigen Kraft versagt hatte". (P 271) Dem widerspricht nicht der von Thomas Mann mit Recht hervorgehobene Wesensunterschied zwischen Wirklichkeit und Kunstwerk. Denn nicht die Erfahrungswirklichkeit, die dem Autor als Modell diente, interessiert uns, sondern die Bedeutung, die er dieser Wirklichkeit gab, uns interessieren *seine* Wertvorstellungen, *seine* Implikationen.[2]

Nicht die Frage, ob das der Dichtung vorausgehende Erlebnis vollkommen bewältigt wurde oder nicht, sollte bei der Beurteilung des Werkes (weder Kafkas noch anderer Autoren) den Ausschlag geben. Wenig hilfreich scheint auch die – nach Walsers erstem Schritt gleichsam notwendig gewordene – Konstruktion, diese

---

[1] In den späteren Dichtungen Kafkas, nach 1917, lassen sich derartige Übereinstimmungen nur schwerlich oder überhaupt nicht mehr erkennen.
[2] So ist z.B. nicht der Vater Kafkas, wie er den Freunden und Bekannten „objektiv" erschien, für uns wichtig, sondern das Vater-Bild Franz Kafkas, seine Vater-Imago.

Bewältigung habe sich „bereits vor dem Werk" vollzogen (indem der Autor seine bürgerlich-biographische Persönlichkeit zugunsten der künstlerischen zerstörte). Zu fragen ist vielmehr danach, in welcher Weise das Erlebnis in die Dichtung Eingang fand und, wichtiger noch, auf welche Weise es ihre Grundtendenz bestimmte. Kongruenz und Diskrepanz zwischen biographischer Wirklichkeit und literarischer Gestaltung gilt es in den Blick zu bringen und – unter Berücksichtigung des Selbständigkeitsanspruchs der Dichtung – für die Deutung fruchtbar zu machen.

IV

Welcher Umsicht, welcher Zurückhaltung es bedarf, bei einem Autor wie Kafka Leben und Werk miteinander in Beziehung zu setzen, und wie leicht sich dabei der Weg ins Ungefähre verliert, zeigt der Versuch Elias Canettis über Kafkas Briefe an Felice.[1] Es lasse sich zeigen, so Canetti, daß der „emotionelle Gehalt" zweier Ereignisse unmittelbar in den *Prozeß* einging: 1. Kafkas Verlobung am 1. Juni 1914 in der Wohnung der Familie Bauer sei zur Verhaftung Josef K.s im ersten Kapitel des Romans geworden; 2. Der zur Lösung des Verlöbnisses führende „Gerichtshof im Hotel" am 12. Juli 1914 finde sich als Exekution im Schlußkapitel. Diese Thesen glaubt Canetti vor allem mit folgenden Punkten „unter Beweis" stellen zu können:

1.a) Wie die Verlobung Kafkas, so finde die Verhaftung Josef K.s in einer wohlbekannten Wohnung statt;

b) An die Verlobung Kafkas erinnere der „Umstand der Bewegungsfreiheit" Josef K.s nach der Verhaftung;

c) Kafka habe sich bei seiner Verlobung „gefesselt und wie unter Fremden" gefühlt; das gehe aus der Tagebuchaufzeichnung vom 6. Juni 1914 hervor: „War gebunden wie ein Verbrecher [...]." (T 384) Gemeinsam sei beiden Vorgängen das Peinliche ihrer Öffentlichkeit;

d) Der Verlobung ähnlich finde sich auch bei der Verhaftung

---

[1] E. Canetti, *Der andere Prozeß. Kafkas Briefe an Felice* (München 1969).

Josef K.s eine „Mischung von Fremden und Bekannten verschiedenen Grades": die Wächter und Aufseher, die Leute aus dem Hause gegenüber und die jungen Männer aus der Bank;
e) Bei der Verhaftung sei zwar keine Frau zugegen, dafür hänge aber an der Fensterklinke eine weiße Bluse als ein „auffälliger Stellvertreter".

Dazu ist folgendes zu sagen:
a) Die Gemeinsamkeit der wohlbekannten Wohnung läßt noch keinen Schluß auf eine Verbindung der beiden Szenen zu; auch nicht, daß Josef K. aufgefordert wird, sich feierlich anzuziehen; die Wächter *bestehen* ja auf einem schwarzen Rock (wie ihn Josef K. am Schluß des Romans, zu seiner Exekution, selbst wählt), während Kafka zu seiner Verlobung, der Genauigkeit halber sei es gesagt, einen *hellen* Sommeranzug trug.

b) Zwar konnte sich Kafka nach seiner Verlobung frei bewegen (wie wohl die Mehrheit verlobter junger Männer), doch fragt sich, ob damit die Parallele „unter Beweis gestellt" werde. Und wenn er sich auch „gebunden wie ein Verbrecher" fühlte, wie er im Tagebuch schreibt, so drückt das doch nichts anderes aus als seine Beklommenheit innerhalb dieser Szene bürgerlicher Festlichkeit, in der er der Hauptakteur sein sollte. Wie hatte er doch die Verlobungsanzeige im *Berliner Tageblatt* kommentiert? Sie sei ihm ein wenig unheimlich und klinge ihm so, als stünde dort, „daß F.K. am Pfingstsonntag eine Schleifenfahrt im Varieté ausführen" werde. (F 560) Schließlich hatte er ja bereits ein Jahr zuvor, aus Anlaß der Verlobung von Felicens Bruder, an einem solchen „Empfangstag" im Hause der Familie Bauer teilgenommen. Der „Umstand der Bewegungsfreiheit" Josef K.s hat sicher nichts mit der Verlobung Kafkas, wohl aber mit dem „unsichtbaren Gericht" zu tun, von dem der Held des Romans heimgesucht wird! Denn dieses Gericht ist ja *in* ihm, folgt ihm gleichsam, wohin er auch gehen mag. Die Bewegungsfreiheit Josef K.s läßt sich also vollkommen aus der Funktion erklären, die das Gericht in diesem Roman hat.

d) Auch die Parallele zwischen jener „Mischung von Fremden und Bekannten" bei der Verlobung Kafkas und bei der

Verhaftung Josef K.s kann nicht ganz überzeugen: Bei der Verlobung waren immerhin Kafkas Vater, seine Mutter und seine Schwester Ottla zugegen. Gemeinsam ist beiden Ereignissen allenfalls das Szenische, oder das, was Kafka als Szene, als „Theater" empfand.

2. Wie aus dem Berliner „Gerichtshof im Hotel" die Exekution Josef K.s im letzten Kapitel des Romans wurde, glaubt Canetti anhand von Tagebuchaufzeichnungen und Briefen Kafkas deutlich machen zu können:

a) Er zitiert in Auszügen aus den bekannten Tagebuchnotizen vom 23. bzw. 27. Juli 1914: „Der Gerichtshof im Hotel [...]" bis „Ansprache vom Richtplatz" (T 407-409) und erläutert: Mit dem Wort „Gerichtshof" habe Kafka die Sphäre des Romans betreten, mit „Richtplatz" sei sein Ziel und sein Ende vorweggenommen.

b) Auch fänden sich im Schlußkapitel Spuren Erna Bauers, der Schwester Felicens, die Kafka gut leiden konnte und die ihn nach der Lösung des Verlöbnisses zum Bahnhof begleitete: Ihre „Güte und das rätselhafte Nachwinken" der Eltern Bauer (nachdem Kafka von ihnen Abschied genommen hatte) hätten sich zu dem Passus kurz vor der Exekution Josef K.s verdichtet: „Seine Blicke fielen auf das letzte Stockwerk des an den Steinbruch angrenzenden Hauses [...]. War noch Hilfe?"

Canetti übersieht offenbar, daß sich der lakonische, für Kafkas Selbstironie freilich kennzeichnende Kommentar „Ansprache vom Richtplatz" auf seinen „unehrlichen und koketten" Abschiedsbrief an Felicens Eltern bezieht, vor allem auf den ihm später etwas pathetisch klingenden Schlußsatz: „Behaltet mich nicht in schlechtem Angedenken." (T 409) Daß zwischen diesem ironisch gebrauchten ‚Richtplatz' und der Exekutionsszene Josef K.s am Schluß des Prozeß-Romans eine Verbindung bestehen sollte, leuchtet nicht ein. Das hätte ja dann für die Erzählung *In der Strafkolonie,* die der Lösung des Verlöbnisses zeitlich noch näher liegt als das Schlußkapitel des Prozeß-Romans, ebenso Bedeutung. Mit der gleichen Wahrscheinlichkeit könnte man dann auch jene Tagebuchnotiz vom November 1911 – „[...] die Freude an der Vorstellung eines in meinem Herzen gedrehten Messers" (T 137) – mit der Exekution Josef K.s in Verbindung bringen. Und sicher auch das Wort „niederstechen" in einem Brief an Felice von Mitte April 1913: Hier spricht Kafka die Vermutung aus, sie würde in Frankfurt, wo sie sich damals aufhielt, sicher „repräsentative, gutangezogene, kräftige, gesunde, lustige junge Leute" kennenlernen, Leute, gegenüber denen er sich, wenn man sie ihm zum Vergleich gegenüberstellte, „einfach niederstechen müßte". (F 365)

Metaphern wie ‚Gerichtshof' und ‚Richtplatz' wie auch die Bezeichnungen für die verschiedenartigsten Formen des Strafvollzugs gehören nun einmal zu dem großen Kafka-Thema von jenem Selbstgericht, das er nicht müde wird anzurufen und dessen Strafen ihm nicht hart genug sein können. Die Anrufung „Kämest du, unsichtbares Gericht!" findet sich schon Ende 1910 in den Tagebüchern. (T 31) Dieses Kafka faszinierende und seine Dichtung weitgehend bestimmende Thema von Schuld, Gericht und Strafe bedient sich in der von Canetti zitierten Tagebuchnotiz (zwei Wochen nach der Lösung des Verlöbnisses) der Bildersprache des Gerichts – nicht ohne jene Ironie übrigens, die Kafka für das Theatralische solcher Szenen wie der im „Askanischen Hof" empfand. Dieses Thema verdichtet sich allmählich in den darauffolgenden Wochen und findet, über das Josef K.-Fragment im Tagebuch vom 29. Juni 1914, in dem seit August entstehenden Roman *Der Prozeß* seinen bekanntesten und in der Entfaltung der Metapher stärksten und umfassendsten literarischen Ausdruck. Im Oktober 1914 gelang es – gleichsam neben dem *Prozeß* her, diesmal noch intensiver auf die Exekution konzentriert – in der Erzählung von der *Strafkolonie* zum Ausdruck. Es setzt sich dann später in anderen Heimsuchungen und Strafen (Februar 1915; *Blumfeld, ein älterer Junggeselle*), freilich nicht mehr so intensiv, fort. „Schöpferisch nur in Selbstquälerei" nennt sich Kafka einmal im Februar 1915 in einer seiner besonders selbstkritischen Tagebuchnotizen. (T 464)

Auch Canettis Annahme, die rätselhafte Figur am Fenster des an den Steinbruch grenzenden Hauses ließe eine Verbindung zu der sich in den Augen Kafkas durch Güte auszeichnenden Erna Bauer erkennen, bleibt im Bereich der Mutmaßungen über Josef K. Derartige punktuelle Entsprechungen entbehren selbst der Wahrscheinlichkeit, von Beweiskraft gar nicht zu reden. Canettis Versuch verkennt überdies oder unterschätzt zumindest die Komplexität und die Durchgängigkeit des Themas Schuld, Gericht und Strafe im Leben und Werk Kafkas. Für die Interpretation der Dichtung sind solche – in der Schwebe gehaltenen – Hinweise wenig nützlich; sie verbleiben im rein Persönlichen. Welchen Sinn hat es wohl für die Deutung, wenn wir erfahren, in der spätabendlichen Szene, in der Josef K. das in die Pension zurückgekehrte Fräulein Bürstner „überfällt", verberge sich hinter der Schreibmaschinistin nicht Felice Bauer, sondern Grete Bloch? Ja, es sei auch „nicht ausgeschlossen", daß sich das lange Kleid Grete Blochs, für das Kafka einmal sein Interesse bekundete, „in jene weiße Bluse verwandelt" habe, die während der Verhaftung Josef K.s im Zimmer Fräulein Bürstners an der Fensterklinke hängt.[1]

Daß zwischen Felice Bauer und Fräulein Bürstner eine Verbindung besteht – Kafka kürzte beider Namen, in Tagebüchern und Briefen bzw. in der Prozeß-Handschrift, mit den Initialen F.B. ab –, wird selbst von den schärfsten Verfechtern werkimmanenter Deutung nicht mehr in Abrede gestellt; von den psychologisch orientierten Deutern wird sie freilich überbetont. Für eine literarische Deutung aber ist nicht die Tatsache dieser Verbindung an sich relevant, sondern das, was sie für Kafka bedeutete: der *stellvertretende* Charakter dieser F.B. Er selbst hat ihn wiederholt betont: Bereits im April 1913 spricht er in einem Brief an Felice von der Probe auf seinen Wert, die sie für ihn *bedeute* und die er so elend bestehe. Jeder Mensch habe oft Proben zu bestehen, er habe wenige bestanden, und keine sei „so groß und entscheidend" gewesen wie diese. (F 356) Mitte Februar 1914 findet sich in seinem Tagebuch eine Aufzeichnung, die wiederum erkennen läßt, wie Felice für ihn vor allem diese Probe auf seinen Wert bedeute, wie sich an ihr seine „Bestimmung" erweise: Er stellte sich vor, wie er sich, von Felice als Freier abgewiesen, vom Balkon der Bauerschen Wohnung in die Tiefe stürzen würde; in seinem Abschiedsbrief aber stünde, daß er zwar F.s wegen

---

[1] Die „weiße Bluse" erwähnt Kafka mehrmals in den Briefen an Felice, und zwar ausnahmslos in Verbindung mit *ihr*. (Vgl. F 163, 209, 210, 219)

hinunterspringe – sie habe ihn ja abgewiesen –, daß sich aber auch im Falle einer Annahme seines Antrags nichts Wesentliches für ihn geändert hätte. „Ich gehöre hinunter", heißt es weiter in dieser Aufzeichnung, „ich finde keinen andern Ausgleich, F. ist zufällig die, an der sich meine Bestimmung erweist [...]". (T 360-361)

Im Schlußkapitel des Prozeß-Romans, als Josef K. von den beiden Henkern durch die abendlichen Straßen der Stadt zum Richtplatz geführt wird, taucht plötzlich Fräulein Bürstner vor ihnen auf und geht eine Weile vor ihnen her. K. ist sich nicht ganz sicher, ob sie es ist, aber, so heißt es weiter: Ihm „lag auch nichts daran, ob es bestimmt Fräulein Bürstner war, bloß die Wertlosigkeit seines Widerstandes kam ihm gleich zum Bewußtsein". (P 268)

Zwischen den zuvor zitierten Brief- bzw. Tagebuchstellen und diesem Passus im *Prozeß* ergibt sich eine für die Deutung des Romans wichtige Übereinstimmung: Auch Fräulein Bürstner ist, wie diese Szene erkennen läßt, gleichsam nur zufällig die, an der sich Josef K.s „Bestimmung erweist", auch er „gehört hinunter". Sein Widerstand wäre in der Tat sinnlos.

Von hier aus fällt schließlich auch Licht auf jene, die Deuter des Romans immer wieder beschäftigende Mahnung, die Fräulein Bürstner (oder die ihr sehr ähnlich sehende Frau) für Josef K. bedeutet und die er sich vornimmt, „nicht zu vergessen". (P 268) Wie hatte Kafka doch in seinem Brief vom 25. März 1914 an Felice geschrieben? „Ich bin ganz zweifellos an einem toten Punkt. Daß ich das durch Dich erkannt habe, dürfte ich niemals vergessen." (F 534)

Wir werden uns also der Ansicht Josef K.s, Fräulein Bürstner stünde mit dem Prozeß „in keiner Verbindung" (P 121), nicht ohne weiteres anschließen und eher geneigt sein, seiner Vermutung zu glauben, daß sein Verhältnis zu Fräulein Bürstner „entsprechend dem Prozeß zu schwanken" schien. (P 152) Zumindest werden wir den Doppelsinn hinter dieser Bemerkung spüren und verstehen, wie Kafka auch hier die Denkungsart seines Helden zu kennzeichnen bestrebt war.

Es ist gewiß sinnvoll, einzelne Realien aufzuzeigen, die in die Prozeß-Dichtung Eingang fanden, die Prager Topographie in den verschiedenen Kapiteln nachzuweisen und anderes mehr.[1] Solche Realitätspartikel, wie wir sie zuvor nannten, bleiben aber von begrenztem Erkenntniswert, wenn sie nicht – durch ihre Bedeutsamkeit in den Augen des Autors – gleichsam einen Anspruch darauf haben, in die Interpretation einbezogen zu werden. Daß sich, wie uns Max Brod berichtet, in einigen Partien des Prozeß-Romans das seltsame Verhältnis Kafkas zu seinem Chef in der Arbeiter-Unfallversicherung widerspiegelt, ist für die Deutung kaum von Belang. (H 454-455) Auch die Übereinstimmung zwischen dem Alter Kafkas zur Zeit der Niederschrift des Romans und dem Josef K.s bleibt zunächst nur eine Realitätspartikel, die lediglich auf die Nähe des Autors zu seinem Helden verweist; doch erst durch die in den Tagebüchern und Briefen mehrmals wiederholten Selbstvorwürfe des Autors angesichts seines Alters gewinnt diese Übereinstimmung für die Deutung an Gewicht.

So bemerkenswert denn auch einige Realitätspartikeln in der Dichtung sein mögen, für die Interpretation werden erst die mit der Biographie des Autors kongruenten T h e m e n k o m p l e x e bedeutsam: das soziale Verhalten, mitmenschliche Beziehungen, Selbstverantwortlichkeit.

Mit Recht haben daher Max Brod und eine Reihe anderer Interpreten auf das – freilich schon vom Autor des Prozeß-Romans hervorgehobene – Versagen Josef K.s gegenüber seinen Mitmenschen hingewiesen. Briefe und Tagebücher Kafkas lassen uns leicht die Verbindung zwischen der „Lieblosigkeit" (M. Brod) Josef K.s und jener mangelnden Teilnahme erkennen, die Kafka immer wieder an sich selbst zu beobachten glaubte. Weniger augenscheinlich ist im *Prozeß* das Versagen des Helden speziell gegenüber der Frau. Wir erfahren im ersten Kapitel, daß Josef K. einmal in der Woche eine Weinstubenkellnerin namens Elsa aufsucht, die bis spät in die Nacht in einem Restaurant bedient und tagsüber nur „vom Bett aus" Besuche empfängt. (P 28) In Fräulein Bürstner, seiner Zimmernachbarin in der Pension, begegnet ihm freilich ein anderer Typ

---

[1] Vgl. Pavel Eisner, „Franz Kafkas *Prozeß* und Prag", *German Life and Letters* (1960/61), Nr. 1/2, S. 16-25.

Frau. Sie achtet er, und von ihr scheint er mehr zu erwarten als eine flüchtige Liebesbeziehung. Aber bei dem Versuch, sich ihr zu nähern, versagt er als Mensch, und sie entzieht sich ihm. Mehrmals versucht er, „an sie heranzukommen, sie aber wußte es immer zu verhindern". (P 93) Ein Wort Fräulein Bürstners aber, das sie an jenem Abend in der Pension gesprochen hatte, hat sich ihm eingeprägt: Sie könne für alles, was in ihrem Zimmer geschehe, „die Verantwortung tragen, und zwar gegenüber jedem". (P 41)

Hier ergibt sich eine wörtliche Übereinstimmung: Von der „Verantwortung" hatten Kafka und Felice im Frühjahr 1913 in ihrem Briefwechsel gesprochen. Anfang März schrieb er ihr, er habe auf seine „scheinbare Wiedergeburt pochend geglaubt, vor jedem die Verantwortung dafür übernehmen zu können", daß er versuchte, sie zu sich „herüberzuziehn". (F 322) Während seines ersten Besuchs in Berlin (Ostern 1913) hatte Felice zu ihm gesagt, sie nehme „die Verantwortung für alles" auf sich. (F 349) In einem etwa zwei Monate später geschriebenen Brief teilt ihr Kafka mit, er könne „die Verantwortung nicht tragen", denn er sehe sie für zu groß an; seine Eltern und Freunde rieten ihm, was er ja offen genug wolle, „alle Verantwortung zu tragen". (F 388-389) Darin hatte sie ihn beschämt: Sie, die Frau, hatte die Verantwortung für alles auf sich nehmen wollen; er, der Mann, konnte sich nicht dazu entschließen, glaubte sich nicht stark genug für eine Ehe. Es war dieses Wort, das in Kafka so sehr nachklang, daß es hier in die Dichtung, den Prozeß-Roman, Eingang fand. Aber nicht das Wort allein, das Thema war von so nachhaltiger Wirkung.

V

Der Versuch, zwischen Leben und Werk, Biographie und Dichtung, Parallelen aufzuzeigen, die für die Deutung relevant werden können, erfordert vom Interpreten mehr als Sensibilität und Einfühlungsvermögen; sie allein führen allenfalls zu interessanter Spekulation. Überzeugen aber kann letztlich nur die am Text der Dichtung und der biographischen Zeugnisse nachgewiesene Übereinstimmung – freilich nicht nur äußerlicher Art.

Ein solcher Versuch setzt daher beim Interpreten eine so exakte Kenntnis der Dichtung wie der Biographie voraus, daß er zwischen punktuellen, gleichsam zufälligen Übereinstimmungen (Realitätspartikeln) und thematischen Komplexen von tiefgreifender Bedeutung, gleichsam wesentlichen Übereinstimmungen, sicher zu unterscheiden vermag. Andernfalls steht er angesichts der aspektreichen, ‚vieldeutigen' Dichtungen Kafkas in der Gefahr, die diese Dichtungen bestimmenden Grundstrukturen aus dem Blick zu verlieren.

Man wird sich außerdem dessen bewußt bleiben müssen, daß die Erhellung eines Zusammenhangs zwischen Leben und Werk natürlich noch keine Deutung darstellt. Denn die Entstehung eines Werkes ist ein dynamischer Prozeß, an dem viele – bewußte wie unbewußte – Kräfte teilhaben: Da sind die primären und sekundären Erfahrungen des Autors, die ihren Weg ins Werk finden mögen. Da sind aber auch die bewußt formenden Kräfte künstlerischer Gestaltung, die freilich ihrerseits nicht unabhängig sind von den zuvor genannten Erfahrungen. Jeder Versuch, das Werk auf nur *eine* Komponente zu reduzieren, ergibt daher ein schiefes Bild.

Will man die aus der Biographie bekannten Erfahrungen des Autors bei der Deutung in Betracht ziehen, so wird man solche Erfahrungen in Relation sehen müssen zur künstlerischen Absicht des Autors und zu der Eigengesetzlichkeit, die das Werk im Verlauf des Schaffens als ein allmählich sich verselbständigendes Gebilde gewinnt. Man wird jene „Eigendynamik" nicht außer Acht lassen dürfen, welche das entstehende Werk in der Wechselbeziehung zwischen sich und dem Autor entwickelt.

Behält der Interpret diesen Vorgang im Blick, so wird er in der Lage sein, biographische Informationen auf eine dem Werkcharakter der Dichtung angemessene Weise in der Deutung zum Tragen zu bringen.

Kafkas Erzählung „Das Urteil":
Schuld oder Schuldgefühle?

„Ein unschuldiges Kind warst du ja eigentlich, aber noch eigentlicher warst du ein teuflischer Mensch!" Mit diesem Wort leitet Vater Bendemann die unmittelbar darauffolgende Verurteilung seines Sohnes „zum Tode des Ertrinkens" ein.[1] Der plötzliche Umschwung der Handlung wie auch die Ambiguität der ganzen Erzählung sind in diesem einen Satz zusammengedrängt. Diese ungewöhnlich knappe Form des Umschlagens wie auch die Doppeldeutigkeit der Erzählung machten schon den zeitgenössischen Kritikern einigermaßen zu schaffen: zum Beispiel Kurt Pinthus, der die im Oktober 1916 erstmals als selbständige Publikation in Kurt Wolffs Reihe „Der jüngste Tag" erschienene Erzählung in der *Zeitschrift für Bücherfreunde* (Februar/März 1918) besprach:

> Während sonst Kafka mit gelassener Folgerichtigkeit seelische Vorgänge sachlich entwickelt, wird in dieser Geschichte gerade das wichtige Geschehen der seelischen Umschaltung übergangen: Es wird nicht ersichtlich, unter welchem Zwang der junge Mann, den sein irrsinnig gewordener Vater wegen nicht begangener Sünden zum Tode des Ertrinkens verurteilt, nun alsbald wirklich sich von einer Brücke ins Wasser stürzt.[2]

Doch wir täten Kurt Pinthus Unrecht, wenn wir ihn als einzelnen „Begriffstützigen", wie Kafka sagen würde, herausstellten. Schon Kasimir Edschmid hatte in der *Frankfurter Zeitung* bemerkt: „Keine Begründung, keine irdische Notwendigkeit, kein Zwang bedingen den Ausgang [...]". Der Kritiker zieht

---

[1] Franz Kafka, *Erzählungen und kleine Prosa*. Gesammelte Schriften. Hrsg. von Max Brod, Bd. 1. (New York: Schocken Books, 1946), S. 65; im weiteren zitiert mit der Sigle E.
[2] Kurt Pinthus, „Der jüngste Tag" (Nr. 27-36) Kurt Wolff Verlag Leipzig, 1916/17. In: *Zeitschrift für Bücherfreunde* Leipzig, N.F. 9. Jg., H. 11/12 (Februar/März 1918), Sp. 558-562; wiederabgedruckt in: *Franz Kafka. Kritik und Rezeption zu seinen Lebzeiten 1912-1924*. Hrsg. von Jürgen Born unter Mitwirkung von Herbert Mühlfeit und Friedemann Spicker. (Frankfurt/Main: S. Fischer, 1979), S. 88; im Weiteren zitiert mit der Abkürzung KuR I.

sich dann aber mit dem Wort von einer „geheimnisvollen inneren tragischen Not höherer unbegreiflicher Art" aus der Affäre.[1] Dagegen schenkt uns Georg Küffer im Berner *Bund* reinen Wein ein. Mit Blick auf die Schlußszene – Urteil des Vaters und seine Vollstreckung durch den Sohn – schreibt er: „Ich muß gestehen, mir scheint, dies geschieht nicht mit unwidersprechlich zwingender Notwendigkeit. Der Anlage des Werkes entsprechender wäre, wenn der Vater, sich vornüber beugend, wirklich aus dem Bett herunterkollerte und zerschmetterte."[2]

Hätte Kafka den Berner *Bund* gelesen, die *Frankfurter Zeitung* oder die *Zeitschrift für Bücherfreunde* – wir wissen nicht, ob er die Rezensionen kannte –, er hätte vermutlich keinem der drei Kritiker widersprochen. Er selbst kommentierte seine Erzählung ja keineswegs weniger kritisch: Als „ein wenig wild und sinnlos" bezeichnet er sie in einem Brief an Felice, zu einer Zeit, als diese *Das Urteil* nur vom Titel her kannte.[3] Und ein halbes Jahr später – die Erzählung war in der Zwischenzeit in Max Brods Jahrbuch *Arkadia* erschienen – fragt er sie direkt: „Findest du im *Urteil* irgendeinen Sinn, ich meine irgendeinen geraden, zusammenhängenden, verfolgbaren Sinn?" Er finde ihn nicht, fährt er fort, und könne auch nichts darin erklären; im Anschluß an dieses – vielleicht nicht ganz ernst gemeinte – Eingeständnis versucht er freilich, ein paar autobiographische Zusammenhänge freizulegen: ‚Georg' habe so viele Buchstaben wie ‚Franz', ‚Bende' so viele wie ‚Kafka' usw. (F 394)

Im Grunde war Kafka nämlich – ungeachtet der „Wildheit" der Geschichte – stolz auf diese „Geburt" einer Nacht. Das spricht deutlich aus einer Notiz unmittelbar im Anschluß an die Niederschrift des *Urteils* im Tagebuch: „Nur so kann geschrieben werden", heißt es da, „nur in einem solchen Zusammenhang, mit solcher vollständigen Öffnung des Leibes und

---

[1] *KuR I*, S. 85
[2] *KuR I*, S. 87
[3] Franz Kafka, *Briefe an Felice* und andere Korrespondenz aus der Verlobungszeit. Hrsg. von Erich Heller und Jürgen Born. (Frankfurt/Main: S. Fischer Verlag, 1970), S. 156; im Weiteren zitiert mit der Sigle F.

der Seele."¹ Kafka war stolz auf die – doch nur auf den ersten Blick „sinnlos" erscheinende – Geschichte und ihre wirkliche „innere Wahrheit". Von ihr war er nämlich überzeugt. Ob sie eine solche Wahrheit enthalte, ließe sich allerdings „niemals allgemein feststellen", sondern müsse immer wieder von jedem Leser oder Hörer „von neuem zugegeben oder geleugnet" werden. (F 156)

Die Frage, was Kafka mit der „inneren Wahrheit" seiner Erzählung meinte, ist der genaueren Erörterung wert.² Denn gewiß erschöpft sich diese nicht in der autobiographischen Bedeutung, die sie – das geht aus seinen Aufzeichnungen und Briefen hervor – *auch* für ihn hatte.³ Diese „innere Wahrheit" verweist vielmehr – über die Spiegelung der seelischen Konflikte hinaus, ja gleichsam durch sie hindurch – auf etwas Allgemeines, eine Qualität, die der Erzählung Kafkas, wie jedem Kunstwerk von Rang, eigen ist.

Die „innere Wahrheit" dieser Erzählung ist daher nie in den lebensgeschichtlichen Zeugnissen des Autors zu suchen, sondern muß aus dem – künstlerisch geformten – Text seiner Dichtung hervorgehen; der Lebensgeschichte des Autors mag der Leser allenfalls entnehmen, *welcher Art* diese Wahrheit sei, nie aber diese Wahrheit selbst.

Wir vermuten, daß Kafka mit der „inneren Wahrheit" seiner Erzählung vor allem die *psychologische* Folgerichtigkeit des Erzählers meinte: insbesondere das plötzliche Hervorbrechen der von Georgs Bewußtsein unterdrückten Kräfte des Unbewußten. Wir vermuten weiter, daß wir auf der Suche nach der „inneren Wahrheit" der Erzählung auf die Frage der Schuld oder Unschuld Georg Bendemanns, auf die Frage von Schuld oder Schuldgefühlen kommen werden. Betrachtet man nämlich den

---

[1] Franz Kafka, *Tagebücher.* Hrsg. von Hans-Gerd Koch, Michael Müller und Malcolm Pasley. (Frankfurt/Main: S. Fischer Verlag, 1990), S. 461. (Franz Kafka, *Schriften, Tagebücher, Briefe. Kritische Ausgabe*); im weiteren zitiert mit der Sigle T.

[2] Zuvor spricht er schon einmal von der „Zweifellosigkeit der Geschichte". (T 463)

[3] Beim Vorlesen der Erzählung im Kreis von Freunden und vor der Zuhörerschaft der „Herdervereinigung" traten Kafka Tränen in die Augen (T 463 u. F 157); ins Tagebuch notierte er am 14. August 1913: „Folgerungen aus dem ‚Urteil' für meinen Fall. Ich verdanke die Geschichte auf Umwegen ihr. Georg geht aber an der Braut zugrunde." (T 574)

Text der Kafkaschen Erzählung ein wenig genauer, so wird man, und zwar auch der *nicht* in die Geheimnisse der Psychoanalyse Eingeweihte, zögern, sich dem Freispruch Georg Bendemanns durch Kurt Pinthus – „wegen nicht begangener Sünden" – ohne weiteres anzuschließen.

Auf indirektem Wege, die Erzählform der ‚erlebten Rede' gebrauchend, läßt uns Kafka nämlich einiges über den Protagonisten erfahren, der gerade dem Freund im fernen Rußland seine Verlobung mitgeteilt hat. Diese Erzählform gestattet es dem Autor, den Leser an den Überlegungen des Protagonisten teilnehmen zu lassen, wenn auch nur so – das liegt im Wesen dieser die Aussagen in der Schwebe belassenden Form –, daß wir nicht ganz genau wissen, ob wir es nur mit dem Protagonisten zu tun haben, oder ob nicht auch der Erzähler noch im Spiel ist. (Der Gebrauch der 3. Person ist dafür verantwortlich.) Immerhin, und das ist entscheidend, vermittelt uns der Autor auf diese Weise manches über die *Denkungsart* seines Protagonisten, ohne daß er seine Erzählperspektiven aufzugeben genötigt wäre. Friedrich Beißner hat ausführlich darüber geschrieben.[1]

Kafka bediente sich gern dieser Erzählform der indirekten Charakterisierung seiner ‚Helden', eben weil er auf diese Weise die für seine Erzählkunst so wichtige Erzählperspektive nicht aufzugeben gezwungen war. Wie also charakterisiert der Erzähler auf indirektem Wege seine Hauptfigur?

Georg Bendemann sitzt, nachdem er den Brief bereits geschrieben und verschlossen hat, an seinem Schreibtisch und denkt über den Freund nach:

> Was sollte man einem solchen Manne schreiben, der sich offenbar verrannt hatte, den man bedauern, dem man aber nicht helfen konnte. Sollte man ihm vielleicht raten, wieder nach Hause zu kommen [...]? (E53)

Je mehr wir hier an Georgs ‚Rationalisierungen' teilnehmen, um so deutlicher erkennen wir, daß sich hinter der scheinbar schonungsvollen Behandlung des Petersburger Freundes in Wahrheit

---

[1] Vgl. F. Beißner, *Der Erzähler Franz Kafka* und andere Vorträge. Mit einer Einführung von Werner Keller. (Frankfurt/Main: Suhrkamp, 1983), bes. S. 36 ff.

eine gute Portion Selbstgerechtigkeit, ja Überheblichkeit verbirgt. Georgs Überlegungen, wie man den Freund aus der Fremde nach Hause bringen könnte, münden schließlich – nach ausführlicher Erörterung all dessen, was dagegen spricht – in einen Gedanken, der Georg aus allen Verpflichtungen entläßt: „[...] war es da nicht viel besser für ihn [den Freund], er blieb in der Fremde, so wie er war?" (E54)[1]

Georgs weitere Überlegungen führen uns – der Gegensatz zu dem Schicksal des Freundes in Rußland ist offensichtlich – den gleichsam unaufhaltsamen geschäftlichen Aufstieg des jungen Bendemann vor Augen: „[...] das Personal hatte man verdoppeln müssen, der Umsatz hatte sich verfünffacht, ein weiterer Fortschritt stand zweifellos bevor." (E 55) So weit die Haltung Georgs zu seinem Freunde, dem er ganz am Schluß des Briefes seine Verlobung mit „einem Fräulein Frieda Brandenfeld, einem Mädchen aus einer wohlhabenden Familie", mitgeteilt hatte.

Die Beziehung Georgs zu seinem Vater charakterisiert der Erzähler durch die Bemerkung – sie steht unauffällig in einem Nebensatz –, Georg sei „schon seit Monaten" nicht im Zimmer des Vaters gewesen. Bezeichnenderweise wird auch gleich eine wahrscheinlich Georg, kaum aber den Leser – beruhigende Erklärung nachgeschoben:

> Es bestand auch sonst keine Nötigung dazu, denn er verkehrte mit seinem Vater ständig im Geschäft, das Mittagessen nahmen sie gleichzeitig in einem Speisehaus ein, abends versorgte sich zwar jeder nach Belieben, doch saßen sie dann meistens, wenn nicht Georg, wie es am häufigsten geschah, mit Freunden beisammen war oder jetzt seine Braut besuchte, noch ein Weilchen, jeder mit seiner Zeitung, im gemeinsamen Wohnzimmer. (E 57)

---

[1] Nach dem Umschwung der Handlung tritt ihm, psychologisch ganz folgerichtig, plötzlich eine – aus Schuldgefühlen geborene – Vision des Freundes vor Augen: „Der Petersburger Freund [...] ergriff ihn wie noch nie. Verloren im weiten Rußland sah er ihn. An der Tür des leeren, ausgeraubten Geschäfts sah er ihn. Zwischen den Trümmern der Regale, den zerfetzten Waren, den fallenden Gasarmen stand er gerade noch." (E62)

Dieser Versuch, eine offensichtlich oberflächliche Beziehung zum Vater vor sich selbst zu rechtfertigen – ein Georg Bendemann unserer Tage würde sich damit beruhigen, daß er jeden Abend ein Weilchen ‚gemeinsam' mit seinem Vater fernsieht – kennzeichnet Georgs Denkungsart überaus treffend. (Auf ähnliche Weise wird Kafka zwei Jahre später den Protagonisten seines Prozeß-Romans, den auf seine Unschuld pochenden Josef K., charakterisieren, etwa in den Kapiteln „Advokat, Fabrikant, Maler", „Fahrt zur Mutter" u.a.). Die Frage ist nun, ob diese unwillkürlichen Selbstcharakterisierungen des Protagonisten auf eine *Schuld* oder auf – bewußte oder unbewußte – *Schuldgefühle* schließen lassen.

Martin Buber unterschied in seinem Vortrag *Schuld und Schuldgefühle* – gehalten 1957 vor Dozenten und Mitarbeitern der School of Psychiatry in Washington – zwischen zwei Formen von Schuld, die sich allerdings nicht immer deutlich voneinander unterscheiden ließen: *Schuld* im Sinne von Existentialschuld, wie Buber sagt, gehe auf eine schuldhafte Begebenheit im Leben eines Menschen zurück (durch eine Handlung oder eine Unterlassung). *Schuldgefühle*, dem Betroffenen bewußt oder auch unbewußt, ließen sich nicht auf eine schuldhafte Begebenheit zurückführen. Gleichwohl können sie, besonders wenn sie im Bereich des Unbewußten verbleiben, dem Betroffenen arg zu schaffen machen, seine Handlungen wesentlich bestimmen ohne daß er selbst weiß, warum er sich so oder so verhalten hat. Sie sind vor allem die Domäne des Psychotherapeuten. Der habe es indes nur, so Buber, mit Schuld im Sinne von Schuldgefühlen zu tun. Seine Aufgabe bestünde darin, den Patienten von seinen – bewußten und, wichtiger noch, unbewußten – Schuldgefühlen zu befreien. Mit der Schuld im Sinne des Gesetzes, wie die Gesellschaft es fordere, habe er, der Natur seiner Aufgabe gemäß, nichts zu tun.

Aus psychotherapeutischer Sicht gingen Schuldgefühle auf das Durchbrechen von Tabus zurück. Aber, so Martin Buber: Es gäbe „wirkliche Schuld, grundverschieden von all den angsteinflößenden Popanzen, die in der Höhle des Unbewußten hergestellt werden. Die personenhafte Schuld, deren Wirklichkeit etwelche psychoanalytische Schulen bestreiten und etwelche andere ignorieren", ließe sich nicht auf „Vergehen gegen ein mächtiges Tabu" reduzieren.[1] Buber zeigt dann am Schluß seines Vortrags an zwei großen Beispielen der europäischen Literatur des 19. und 20. Jahrhunderts – an Dostojewskis *Dämonen* und Kafkas *Prozeß* – auf, wie das Schicksal Stawrogins wie auch das Josef K.s durch ihr „falsches Verständnis zu ihrem Schuldigsein" bestimmt werde. (S. 63)

In der Erzählung, die uns beschäftigt, in Kafkas *Urteil*, geht es, vor allem um die unbewußten Schuldgefühle der Hauptfigur. Ob das schlechte Gewissen Georgs gegenüber dem Petersburger Freund oder dem Vater darüber hinaus auf eine *Existentialschuld* im Sinne Bubers hindeutet, ist möglich, aber nicht wahrscheinlich.

Kafkas Text deutet aber – das haben wir gesehen – auf solche Schuldgefühle Georg Bendemanns hin, auf Schuldgefühle und ein von ihnen hervorgerufenes Strafbedürfnis. Welchen plausiblen, rational erklärbaren Grund sollte der Protagonist haben, den Vater in dessen Zimmer aufzusuchen, um ihn zu fragen, ob er dem Freund in Petersburg seine Verlobung mitteilen dürfe? Warum geht er aus dem hellen Raum (bildlich gesprochen: des Bewußtseins) in den im Halbdunkel liegenden (des Unbewußten) zurück, in den der Vater sich zurückgezogen hat, d.h. in den ihn *Georg* zurückgedrängt oder ‚verdrängt' hat. In diesem Bereich ist der Vater aber, wie sich zeigt, „immer noch ein Riese", ein Riese nämlich an seelischer Macht über den Sohn. Unversehens wirft er die Bettdecke ab, mit der der Sohn ihn schon „zugedeckt" zu haben glaubte, erhebt sich, im Bett stehend, zu seiner ganzen Größe.

Hans Fronius hat den entscheidenden Augenblick in dieser Erzählung – die plötzliche Erhebung des Vaters über den

---

[1] Martin Buber, *Schuld und Schuldgefühle*. (Heidelberg 1958), S. 30. In seinem Band der Hanser Literatur-Kommentare stellt Gerhard Neumann unter den zahlreichen Deutungsansätzen zum *Urteil* auch die – zum Teil einander widersprechenden – aus psychoanalytischer Sicht vor. Vgl. *Franz Kafka. Das Urteil*. Text, Materialien, Kommentar. (München, Wien 1981), S. 211-215; einen wichtigen Beitrag zu diesem Thema leistet auch Helmut Kobligk: „‚... ohne daß er etwas Böses getan hätte ...'" Zum Verständnis der Schuld in Kafkas Erzählungen *Die Verwandlung* und *Das Urteil*. In: *Wirkendes Wort*. 6/1982, S. 391-405.

Sohn – mit künstlerischer Meisterschaft und einem Gespür für die Absicht Kafkas – in einer Kreidezeichnung (1947) festgehalten.[1]

Jede graphische Darstellung einer erzählten Handlung ist freilich gezwungen – seit Lessings *Laokoon*-Essay gibt es darüber eine anhaltende Diskussion –, sich auf einen Augenblick dieser Handlung festzulegen. Darüber hinaus kann der illustrierende Künstler nicht umhin – das gilt besonders für die Erzählkunst des 20. Jahrhunderts –, das durch die Mehrdeutigkeit des Wortes absichtlich in der Schwebe Gehaltene so oder so zu fixieren. Hinzu kommt im Falle der Dichtung Kafkas noch, daß der Künstler sich vor die Aufgabe gestellt sieht, das ausschließlich aus der Perspektive der Hauptfigur geschilderte – sich gleichsam *in* dieser Figur vollziehende – Geschehen objektivieren zu müssen. Fronius entschloß sich zudem, gleichsam einen objektiven Standpunkt jenseits von Vater und Sohn zu wählen und auch Georg, die Figur, in der sich doch eigentlich das Geschehen innerlich vollzieht, noch ins Bild zu bringen – wenn auch nur in der linken unteren Ecke der Zeichnung.

Ungeachtet der Schwierigkeiten, vor die die Erzählweise Kafkas den Künstler stellt, ist es Fronius gelungen, nicht nur ein Werk von starker Ausdruckskraft zu schaffen, sondern auch eines, das in vielem der Absicht des Erzählers entspricht. Fronius hat nicht nur die unheimliche, alptraumhafte Erscheinung der Vaterfigur – „Georg sah zum Schreckbild seines Vaters auf", heißt es im Text – treffend darzustellen vermocht, seine Zeichnung spiegelt noch etwas von der Ambiguität der Erzählung wider: Die Gestalt des im Nachthemd aufrecht im Bett stehenden Vaters hat nämlich – besonders durch die theatralisch erhobenen Arme – neben ihrer unheimlichen, gespenstischen Erscheinung auch Züge des Grotesken. Die Darstellung des Sohnes freilich läßt an dessen Schuldbewußtsein keinen Zweifel: Geduckt, den Kopf eingezogen, stiehlt sich Georg aus dem Zimmer.

---

[1] Hans Fronius, *Kunst zu Kafka*. Mit einem Text von Hans Fronius. Einführung: Wolfgang Hilger/ Bildtexte: Helmut Strutzmann. (Wien: Edition Hilger, 1983), S. 83. (Für die freundliche Erlaubnis zur Wiedergabe der Zeichnung danke ich Frau Christin Fronius, Perchtoldsdorf bei Wien.)

Hans Fronius: *Das Urteil*

Fronius hat in seiner Zeichnung die beiden Wirklichkeiten dieser Erzählung, die Tageswirklichkeit Georgs und die im Halbdunkel seines Unbewußten liegende Welt des Vaters, miteinander verschmolzen. So unmerklich geht auch in Kafkas Erzählung die Wirklichkeit des zur Straßenseite gelegenen hellen Zimmers – ein Bekannter grüßt Georg Bendemann „im Vorübergehen von der Gasse aus" (E 57) – in den Bereich einer inneren Wirklichkeit über, den Bereich des Vaters nämlich in dem zur Hofseite gelegenen dunklen Zimmer. Der zum „Schreckbild" verwandelten Vatergestalt kommt dabei die gleiche Wirklichkeit (oder Unwirklichkeit) zu, wie dem in ein Ungeziefer verwandelten Handelsreisenden Gregor Samsa in der Erzählung *Die Verwandlung*, oder wie der im dämmerigen Zwielicht liegenden Welt des Gerichts im Roman *Der Prozeß*. Auch hier gleitet das Geschehen unmerklich von der äußeren in eine innere Welt (die Gregor Samsas bzw. die Josef K.s) hinüber.

Die „innere Wahrheit", von der Kafka mit Blick auf die Erzählung *Das Urteil* sprach, liegt, so vermuten wir, in ihrer *psychologischen* Folgerichtigkeit, liegt darin, daß Georg nicht zögert, die äußerste, dem logischen Verstand ungeheuerlich erscheinende Strafe anzunehmen und sogleich an sich zu vollstrecken. Seine lange zurückgestauten Schuldgefühle gegenüber dem Vater sind in dem – rationalem Denken unzugänglichen – Bereich des Unbewußten so stark angewachsen, daß er selbst dieses Urteil zu vollstrecken bereit ist, ja daß er die Treppe hinabeilt, um es zu vollziehen. Die Parallele zu Josef K., der im Schlußkapitel des Prozeß-Romans seine Henker bereits zu Hause erwartet, ihnen bereitwillig folgt, ja sie schließlich selbst zum Richtplatz mit sich fortzieht, drängt sich auf. Georg Bendemanns Versuche, sein Verhalten gegenüber dem Freund in Rußland wie gegenüber dem Vater vor sich selbst zu rechtfertigen, seine ‚Rationalisierungen', machen ihn, den nüchtern denkenden Geschäftsmann, zu einem Vorläufer des Bankprokuristen Josef K.: Hier wie dort folgt auf das Versagen der Hauptfigur die Strafe; hier ist es die nur schlecht verhüllte Überheblichkeit gegenüber dem Freund und die Vernachlässigung des Vaters, dort die Vernachlässigung aller mitmenschlichen Beziehungen zugunsten der eigenen Karriere, d.h. das Versagen gegenüber einem ungeschriebenen Gesetz elementarer Anständigkeit.

Was nun die Frage „Schuld oder Schuldgefühle?" angeht, so wird man im Falle des *Urteils* kaum von einer manifesten, der Hauptfigur bewußten Schuld sprechen können. Vielmehr sind es Schuldgefühle, die das abwehrende Bewußtsein stets zurückdrängt. Mit diesem vor allem von Dostojewski und Nietzsche erkannten, von Freud erforschten Verdrängungsmechanismus war Kafka vertraut; „Gedanke an Freud natürlich", heißt es in der die Niederschrift der Erzählung kommentierenden Tagebuchnotiz. (T 461) Kafka gebrauchte die Bildsprache dieses Mechanismus allerdings nicht streng im Sinne der psychoanalytischen Theorie – unbewußtes Strafbedürfnis aufgrund einer ödipalen Tötungsabsicht –, sondern im Sinne einer auf ähnliche Weise „verdrängten" moralischen oder sittlichen Schuld.[1] Walter Sokel hat schon früh aufgezeigt, daß sich Kafka zwar der Metaphern der Psychoanalyse bedient, aber eben eigenwillig, allenfalls in Anlehnung an die Theorie Freuds.[2] Offensichtlich geht es im *Urteil* um den in den Schriften Freuds ausführlich behandelten Vater-Sohn-Konflikt. Kafka gelangte aber nicht erst auf dem Wege über Freud an dieses archaische Motiv, er kannte es vielmehr aus der Mythologie, kannte es aus Dichtungen, die auf Mythen zurückgehen, kannte es nicht zuletzt aus den Bildern seines „traumhaften inneren Lebens". (T 420)

Die der Sexualität geltenden Vorhaltungen des Vaters gehen allerdings auf infantile Tabu-Vorstellungen zurück: Georg habe, um sich „ohne Störung [...] an der Braut befriedigen" zu können, seiner Mutter „Andenken geschändet", den „Vater ins Bett gesteckt", ja auch „den Freund verraten". (E 63) In der

---

[1] Der Konjunktiv „Wenn er fiele und zerschmetterte!" (E 64) – ein Gedanke, der Georgs Kopf „durchzischt" – kann sowohl Ausdruck eines geheimen *Wunsches* als auch Ausdruck der *Befürchtung* des um den Vater besorgten Sohnes sein.

[2] W.H. Sokel, *Franz Kafka – Tragik und Ironie* (München, Wien 1964), S. 19. Ein 1991 veröffentlichter Brief an Willy Haas stützt die Annahme, daß Kafka, jedenfalls bis zum Juli 1912, Freud kaum aus dessen Schriften kannte : „Ich kenne leider wenig von ihm [Freud] und viel von seinen Schülern und habe deshalb nur einen großen leeren Respekt vor ihm." Vgl. *Franz Kafka, Ernst Pollak, Franz Werfel. Unbekannte Briefe an Willy Haas*. In: *Neue Rundschau* 102. Jg. (1991), H. 2, S. 170 f.

kindlichen Phantasie steht das durch Vater und Mutter verhängte Tabu der sexuellen Betätigung des Kindes entgegen. Dadurch stellen sich die sexuellen Wünsche des Sohnes als etwas Schmutziges, Verachtenswertes dar. (Der Sohn ist ja noch nicht verheiratet – die Braut könne ja, „da eben noch nicht Hochzeit war, in den Blutkreis, der sich um Vater und Sohn zieht, nicht eintreten", schrieb Kafka später ins Tagebuch; T 491f.) Daß aus diesen Vorhaltungen – an dieser Stelle der Erzählung besonders deutlich – die Ansichten von Kafkas eigenem Vater sprechen, steht außer Frage; für die Interpretation der Novelle haben solche autobiographischen Bezüge allerdings nur mittelbar Bedeutung.

Außer den eingangs genannten Rezensenten hatte sich Franz Rosenzweig schon früh zu Kafkas Erzählung zu Wort gemeldet – freilich nur in einem Brief (vom 12.1.1917) an seine Eltern.[1] Darin heißt es über *Das Urteil* unter anderem: „Der Alte ist [...] bloß Staffage, die Geschichte spielt im *Sohn*".

Gewiß „spielt" sie, wie Rosenzweig schon damals richtig erkannte, „im Sohn". Kafkas ‚Kunstgriff' besteht darin, daß er den Unterschied zwischen einer äußeren und einer inneren Wirklichkeit eine Zeitlang zugunsten der inneren völlig aufhebt: War zu Anfang der Erzählung eine äußere Wirklichkeit zumindest noch zu erkennen (ein Bekannter grüßt Georg von der Straße aus), so bilden seit dem Eintritt in das vom Vater bewohnte Zimmer Georgs Strafphantasien die *einzige*, alles beherrschende Wirklichkeit der Erzählung. Nicht anders verfuhr Kafka übrigens in später entstandenen Dichtungen, etwa in der Erzählung *Die Verwandlung* oder im Roman *Der Prozeß*. Viele seiner fiktionalen Texte setzen sehr früh mit einer erschreckenden Vorstellung ein (Max Brod sprach von Kafkas „dichterischer Selbstbestrafung, imaginierte[n] Sühnehandlungen"[2]), die *Verwandlung* bereits im ersten Satz. Und der Autor überläßt seinen Leser der Pein, nach der Schuld zu suchen. Eine solche müßte doch, so ist zu vermuten, der Strafe vorausgegangen sein.

---

[1] Franz Rosenzweig, *Briefe*. Unter Mitwirkung von Ernst Simon ausgewählt und herausgegeben von Edith Rosenzweig, (Berlin: Schocken Verlag, 1935), S. 151.
[2] Max Brod, *Über Franz Kafka*. (Frankfurt a.M.: Fischer Bücherei, 1966), S. 130; der Passus über *Das Urteil* ist wiederabgedruckt in *KuR* I, S. 89.

Ob Schuldgefühle und/oder auch Existentialschuld im Sinne der Buberschen Definition, das ist im Falle von Kafkas *Urteil* schwieriger zu entscheiden als in seinem Roman *Der Prozeß*. Zweifellos ist, wie in vielen seiner Erzählungen, nur die Strafe. In diesem Zusammenhang sei daran erinnert, daß der Autor seinen Verleger mehrmals darum bat, einen Novellenband herauszugeben, der die Erzählungen *Das Urteil, Die Verwandlung* und *In der Strafkolonie* enthalten sollte; veröffentlicht werden sollte dieser Band nach Kafkas Wunsch unter dem Titel „Strafen".[1]

Daß ein Strafbedürfnis dem einzelnen oft gar nicht bewußt ist, da es eben auf – unbewußten – Schuldgefühlen beruht, hatte Martin Buber, hatten vor ihm u.a. Dostojewski und Freud erkannt. Wie der einzelne sich verhält, wie er handelt oder Handlungen unterläßt, kann von solchen Schuldgefühlen maßgeblich bestimmt sein. Und eben die Wirkung solcher Schuldgefühle führt Kafka dem Leser in seiner Erzählung vor Augen, mit der Meisterschaft eines Wissenden, selbst Heimgesuchten.

Die „innere Wahrheit" dieser Erzählung, von der der Autor in einem Brief an Felice Bauer sprach, hat etwas mit der Unabweisbarkeit, ja dem Verhängnis solcher Schuld zu tun. Rational ist das nicht zu fassen, zu begründen ist das nicht.

---

[1] Vgl. Kafkas Briefe an den Kurt Wolff Verlag, in: Kurt Wolff, *Briefwechsel eines Verlegers 1911-1963*. Hrsg. von Bernhard Zeller und Ellen Otten. (Frankfurt/Main: Scheffler, 1966), S. 35-40.

Kafka als Kritiker der Moderne

Kafka als Kritiker der Moderne, als Kritiker des 20. Jahrhunderts – es ist ein aspektreiches Thema: Dazu gehört der Mangel an Kommunikation in unserer Zeit, ungeachtet einer weltumspannenden, stets verfeinerten Kommunikationstechnik, dazu gehört Kafkas Kritik am Fortschrittsdenken unseres Jahrhunderts, dazu gehört die Erörterung dessen, was Wilhelm Emrich einmal die „modernistische Leugnung jeglicher Schuld im Namen einer humanen Psychologie und Toleranz" nannte[1], dazu gehört aber auch: Kafkas deutliche Abneigung gegen die literarische Avantgarde seiner Zeit, den Expressionismus. Ich habe nicht die Absicht, Sie hier mit einem literaturwissenschaftlichen Kolleg zu traktieren, das alle Aspekte dieses Themas zu beleuchten versucht. Und ich werde Sie auch nicht mit den geballten Lehrmeinungen meiner Kollegen in der Kafka-Forschung überfallen. Statt dessen möchte ich ein paar Überlegungen darüber vortragen, unter welchen Gesichtspunkten man den Autor, dem ich seit einiger Zeit meine besondere Aufmerksamkeit schenke, unter welchem Modus man ihn also als Kritiker der Moderne betrachten kann.

Die große Pariser Kafka-Ausstellung im Center Georges Pompidou (1984) stand unter dem Titel *Le Siècle de Kafka*. Sollten wir, in Übereinstimmung mit den Veranstaltern dieser Ausstellung, unser Jahrhundert als das Kafkas bezeichnen wollen, wie wäre diese Bezeichnung gemeint?

In welchem Sinne – über jene hinlänglich bekannten, bisweilen übermäßig popularisierten Vorstellungen von unserer labyrinthischen Welt hinaus, über alle jene Paradoxien hinaus, denen wir in unserer Zeit leider allzu häufig begegnen?

Als Philologen, die wir mit den Texten dieses Autors vertraut sind, mit den fiktionalen wie mit den autobiographischen, müßten wir schon eine genauere Antwort zu geben vermögen.

---

[1] Wilhelm Emrich: Franz Kafkas Diagnose des 20. Jahrhunderts. In: *Franz Kafka*. Symposium 1983. Akademie der Wissenschaften und der Literatur zu Mainz. Hrsg. von Wilhelm Emrich und Bernd Goldmann. (Mainz: von Hase & Koehler 1985), S. 25f.

Und zwar auch über die seit den siebziger Jahren etwas wohlfeil gewordene Erkenntnis hinaus, daß das literarische Werk eines jeden Autors bis zu einem gewissen Grade seine Zeit und damit auch ihre gesellschaftlichen Verhältnisse ‚widerspiegelt'. Schwieriger – aber auch ungleich interessanter – scheint mir die Frage, wie der Autor sein Werk verstanden wissen wollte. War es bewußt als Kritik an seiner Zeit gemeint, etwa in Form der Satire wie bei Swift und Grimmelshausen? Verstand er sich selbst als Kritiker seiner Epoche?

Kafka hat sich, das sei vorausgeschickt, nie zum Kritiker über seine Zeit erhoben. Anders als manche seiner Zeitgenossen zögerte er, über sie zu urteilen, hielt sich mit seinem Schiedsspruch zurück. Er gehörte nicht zu jenen, die ihr Jahrhundert in die Schranken forderten. Wenn er Gerichtstag hielt, so war es – mit Ibsen zu sprechen – ein Gerichtstag über das eigene Ich.

So gibt es denn von Kafka – im Unterschied etwa zu Thomas Mann, zu Hofmannsthal oder Musil – keine zeitkritischen Essays, in denen er sich mit der Moderne auseinandergesetzt hätte, keine Kultur- oder gesellschaftskritischen Abhandlungen, keine politisch-unpolitischen Betrachtungen. Er schrieb keinen Essay über den schwindenden Einfluß der Religionen und die zunehmende Wissenschaftsgläubigkeit unseres Jahrhunderts. In der Erzählung *Ein Landarzt* lesen wir aber einen Satz, der diese Veränderung bildhaft vor Augen führt: „Den alten Glauben haben sie verloren;" heißt es dort, „der Pfarrer sitzt zu Hause und zerzupft die Meßgewänder, eines nach dem anderen; aber der Arzt soll alles leisten mit seiner zarten chirurgischen Hand." (E 151)[1]

Und doch, so meine ich, zeichnet sich im Werk des Prager Erzählers eine Kritik der Moderne ab, und doch kann man von ihm als einem Kritiker der Moderne sprechen. Unmittelbar in seinen Tagebüchern, Notizheften und Briefen, mittelbar – wie das eben erwähnte Beispiel – in seinen Erzählungen und Romanen. Dabei bin ich mir durchaus bewußt, wie schwierig

---

[1] Dieser und alle folgenden Verweise auf Werke Kafkas beziehen sich auf die bei Schocken Books und S. Fischer erschienene Ausgabe: Franz Kafka, *Gesammelte Werke* (Frankfurt am Main 1950ff.) Die einzelnen Bände werden wie folgt abgekürzt: Br: *Briefe 1902-1924;* E: *Erzählungen;* F: *Briefe an Felice*. Hrsg. von Erich Heller und Jürgen Born; T: *Tagebücher 1910-1923*.

es ist, die zeitkritische Position eines Autors, ganz besonders die eines Kafka, aus seinen fiktionalen Texten zu bestimmen. Seine Romane und Erzählungen haben, wie Dichtungen aller großen Autoren, ihre eigene, ja eigenwillige Gesetzmäßigkeit. Sie widersetzen sich daher dem Versuch, sie auf weltanschauliche Aussagen hin festzulegen. Sie widerstehen – und ein halbes Jahrhundert der Kafka-Deutung hat das erwiesen – mit bewundernswerter Hartnäckigkeit jeder unmittelbaren „Übersetzung" in die Sprache des philosophischen, theologischen, sozialwissenschaftlichen oder psychoanalytischen Diskurses. Man darf sagen: zum Glück!

Daher verlangt auch jeder Versuch, Kafkas Dichtungen mit seinen privaten Äußerungen in Tagebüchern und Briefen in Beziehung zu setzen, ein gewisses Maß an literarischer Feinfühligkeit. Kafka selbst mahnte nachdrücklich zur Behutsamkeit im Umgang mit den Gebilden der Dichtung, auch den eigenen: Als er seiner Verlobten im Januar 1915 die nur wenige Tage davor entstandene Türhüterlegende *Vor dem Gesetz* vorlas, sei ihm, so vertraut er am 24. Januar 1915 seinem Tagebuch an, die Bedeutung der Geschichte erst „aufgegangen"; dann allerdings, so heißt es weiter, „fuhren wir mit groben Bemerkungen in sie hinein, ich machte den Anfang."

Das Thema „Kafka als Kritiker der Moderne", als Kritiker seiner Zeit, hat ein doppeltes Gesicht: Einmal ist die Zeit Gegenstand der Kritik, zum anderen aber immer auch der Kritiker, nämlich Kafka selbst. Denn er sah sich nie losgelöst von seiner Zeit, oder gar über ihr stehend, sondern als ihren „Repräsentanten", und zwar in all ihren negativen Aspekten.

In einer Eintragung in sein Notizbuch vom 25. Februar 1918 hat er das besondere Verhältnis, in dem er zu seiner Zeit stand, einmal charakterisiert.

Darin heißt es unter anderem, nicht „Trägheit, böser Wille, Ungeschicklichkeit" ließen ihm alles mißlingen: „Familienleben, Freundschaft, Ehe, Beruf, Litteratur", sondern es sei „der Mangel des Bodens, der Luft, des Gebotes."[1] Seine Aufgabe sei es nun,

---

[1] Franz Kafka: *Nachgelassene Schriften und Fragmente II*. Textband. Hrsg. von Jost Schillemeit. (Frankfurt/Main: S. Fischer, 1992), S. 97f. (=Franz Kafka: Schriften, Tagebücher, Briefe. Kritische Ausgabe. Hrsg. von Jürgen Born ... unter Beratung von Nahum Glatzer ...)

all dies erst zu schaffen ... usw. Ein paar Zeilen weiter treffen wir auf eine Wendung, die das Verhältnis des Autors zu seiner Zeit unerhört scharf umreißt:

> Ich habe von den Erfordernissen des Lebens gar nichts mitgebracht, soviel ich weiß, sondern nur die allgemeine menschliche Schwäche, mit dieser – in dieser Hinsicht ist es eine riesenhafte Kraft – habe ich das Negative meiner Zeit, die mir ja sehr nahe ist, die ich nie zu bekämpfen sondern gewissermaßen zu vertreten das Recht habe, kräftig aufgenommen, an dem geringen Positiven sowie an dem äußersten, zum Positiven umkippenden Negativen hatte ich keinen ererbten Anteil. Ich bin nicht von der allerdings schon schwer sinkenden Hand des Christentums ins Leben geführt worden wie Kierkegaard und habe nicht den letzten Zipfel des davonfliegenden jüdischen Gebetmantels noch gefangen wie die Zionisten [...]

Auf den Schlußsatz dieser – sich offensichtlich in dialektischen Denkformen bewegenden – Selbstbetrachtung, Kafka überschrieb sie mit dem Wort „Morgenklarheit", komme ich am Ende meines Vortrags zurück.

Jede Kontemplation über Kafka als den Kritiker seiner Zeit wird diese Schlüsselstelle im Blick behalten müssen. Und keine Deutung eines Romans wie *Der Prozeß*, welche den lebensgeschichtlichen Hintergrund des Autors auch nur in Betracht ziehen will (mit der gebotenen Behutsamkeit, versteht sich), wird diese Notiz ignorieren dürfen. Denn sie enthält über die Diagnose der eigenen existentiellen Not („Mangel des Bodens, der Luft, des Gebotes") hinaus auch eine Diagnose der allgemeinen metaphysischen Not seiner Zeit, genauer: der schwindenden Kraft der zwei großen Religionsgemeinschaften seines Kulturkreises („die schon schwer sinkende Hand des Christentums", der „davonfliegende jüdische Gebetmantel"). Aber selbst den geringen Halt jener nicht mehr von der Kraft des Glaubens erfüllten Religionen, wie ihn Kierkegaard immer noch empfunden habe, wie ihn die Zionisten selbst jetzt noch verspürten, glaubt *er* nicht mehr zu finden. Vielmehr sieht er sich völlig ungeschützt, ähnlich dem Landarzt in der gleichnamigen Erzählung: „nackt, dem Froste dieses unglückseligsten Zeitalters ausgesetzt". (E 131)

Aus diesem in zwei Richtungen gehenden Blick – einmal auf die Erscheinungen der allgemeinen Entfremdung in seiner Zeit (etwa die Verselbständigung kommunaler wie staatlicher Einrichtungen, den erdrückenden ‚Behördenapparat', das Sinnloswerden von Anordnungen etc.), zum andern auf das Versagen Josef K.s, jenes ausschließlich seiner Karriere lebenden Jedermann des 20. Jahrhunderts – eben aus diesem beide Aspekte festhaltenden Blick kommt man zu einem Verständnis jenes Janusgesichts, mit dem uns Kafka in seinem Roman *Der Prozeß* konfrontiert.[1] Denn Josef K. wird am Morgen seines dreißigsten Geburtstages keineswegs irrtümlich verhaftet. Es ist auch keine Willkür jener geheimnisvollen Behörde. Er hat sich schon schuldig gemacht, freilich nicht im Sinne eines juristisch definierten, sondern eines ungeschriebenen Gesetzes, eines Gesetzes, könnte man sagen, menschlicher Anständigkeit, einer selbstverantwortlichen Existenz. Josef K., der erfolgreiche Bankprokurist, ist nämlich – wie Kafka – ein Repräsentant seiner Zeit, hat diese Zeit – in ihrem Negativen – „gewissermaßen zu vertreten das Recht".

Wem diese Deutung des Romans zu spekulativ erscheint, der sei auf den Brief Kafkas an Max Brod vom November 1917 verwiesen, in dem er dem Freund mitteilt, er (Kafka) habe sich „in der Stadt, in der Familie, dem Beruf, der Gesellschaft, der Liebesbeziehung [...] der bestehenden oder zu erstrebenden Volksgemeinschaft [...] nicht bewährt". (Br 194 f.) Was ihm bevorstünde – damit schließt Kafka diesen Passus – sei „ein elendes Leben, elender Tod". Bezeichnenderweise fügt Kafka in seinem Brief hinzu: „Es war, als sollte die Scham ihn überleben" sei etwa das Schlußwort des Prozeß-Romans. (Br 195) Dieser Roman existierte damals nur im Manuskript, Brod kannte lediglich Teile daraus. Damit stellt der Autor den autobiographischen Bezug zu seinem Roman selbst her. Ganz in diesem Sinne interpretiert auch der Adressat dieses Briefes, der engste Freund Kafkas, Jahre später diesen Roman: „Junggesellentum, Einsamkeit,

---

[1] Vgl. J. Born: Kafkas Roman „Der Prozeß: Das Janusgesicht einer Dichtung". In: *Was bleibt von Franz Kafka?* Positionsbestimmung. Kafka-Symposion, Wien 1983. Hrsg. von Wendelin Schmidt-Dengler unter Mitwirkung von Georg Kranner. (Wien: Braumüller Verlag, 1985), S. 63-78. Im vorliegenden Band S. 65-84.

In-sich-Verschlossenheit" seien jene menschlichen Laster, auf die in Kafkas Prozeß-Ordnung der Tod stünde.[1]

Damit verweigert Kafka, zunächst und vor allem sich selbst, darüber hinaus aber auch dem Einzelnen das Recht, selbst in einer aus den Fugen geratenen Zeit verantwortungslos zu existieren. In der Notiz, die auf jenen von Kafka mit „Morgenklarheit" überschriebenen schonungslosen Versuch einer Existenzerhellung folgt, sprich er – offenbar auch unter dem Eindruck der Lektüre von Kierkegaards Texten: *Entweder-Oder, Furcht und Zittern* und *Wiederholung* – von der Rechtfertigung der eigenen Existenz, die ein jeder leisten muß:

> Allerdings muß jeder Mensch sein Leben rechtfertigen können (oder seinen Tod, was dasselbe ist), dieser Aufgabe kann er nicht ausweichen.[2]

Kafka nimmt den Einzelnen nicht in Schutz vor einer anonymen Gesellschaft, wie das in den letzten Jahrzehnten bei uns üblich geworden ist, einer *Gesellschaft*, die man trefflich anklagen aber nie recht zur Verantwortung ziehen kann. Diese Haltung steht nicht im Widerspruch zu seinem ausgeprägten Gerechtigkeitssinn und seinem tief empfundenen Mitgefühl mit den sozial Schwachen, wie es aus vielen Zeugnissen spricht.[3] Kafkas Wort, so könnte man sagen, richtet sich stets an den Einzelnen, nie an ein wie auch immer strukturiertes Kollektiv. Wie ja auch seine Erzählungen sich nie an eine *Leserschaft* wenden, an eine bestimmte Gesellschaftsschicht, an ein „Bildungsbürgertum" wie beispielsweise die Erzählungen und Romane Thomas Manns, sondern stets an den einzelnen Leser oder Hörer. Seine Erzählung *Das Urteil*, davon war Kafka überzeugt, hatte das, was er „innere Wahrheit" nannte. Diese Wahrheit aber ließe sich „niemals allgemein feststellen", sie

---

[1] Max Brod, *Streitbares Leben*. Autobiographie. (München: Kindler-Verlag, 1960), S. 267.
[2] Franz Kafka: *Nachgelassene Schriften und Fragmente II*. Textband, a.a.O., S. 99
[3] Oskar Walzel nannte ihn schon 1916 in seiner Rezension der Erzählungen *Der Heizer* und *Die Verwandlung* den „Dichter des Mitgefühls und des Mitleides". Vgl. O. Walzel: „Logik im Wunderbaren". In: *Berliner Tageblatt* vom 6. Juli 1916; wiederabgedruckt in: *Franz Kafka. Kritik und Rezeption zu seinen Lebzeiten 1912-1924*. Hrsg. von Jürgen Born unter Mitwirkung von Herbert Mühlfeit und Friedemann Spicker. (Frankfurt/Main: S. Fischer, 1979), S. 143-148.

müsse vielmehr von jedem Leser oder Hörer „immer wieder von neuem zugegeben oder geleugnet werden." (F, 4./5. 12. 1912, 156)[1] Auch seine parabelartigen Prosastücke sprechen immer den Einzelnen an: „Dieser Eingang war nur für d i c h bestimmt [...]" heißt es am Schluß der Türhüterlegende. „Der Kaiser hat d i r, dem Einzelnen [...] gerade d i r hat der Kaiser [...] eine Botschaft gesendet". Mit diesen Worten beginnt das im Frühjahr 1917 entstandene Stück *Eine kaiserliche Botschaft*. Den Einzelnen also wollen diese Stücke erreichen, ihn durch die Konfrontation mit einer paradoxen Situation vor den Kopf stoßen, aufrütteln, vielleicht gar verändern, wenn man Kafkas Texten überhaupt eine solche Absichtlichkeit zuschreiben darf. Mit diesem Anruf an den Einzelnen steht Kafka übrigens seinem Landsmann Franz Werfel nah, der sich im Sommer 1917 in der *Neuen Rundschau* gegen den Kollektivismus Kurt Hillers wendet und eine Veränderung immer nur durch den Einzelnen für möglich und für geboten erachtet.

Es ist eine weitverbreitete „Irrlehre" – lassen Sie mich jetzt ein wenig deutlicher werden –, Kafkas Zeitkritik, seine Kritik an der Moderne, sei eine Kritik an dem, was wir mit dem Begriff „Gesellschaft" bezeichnen. Wir gingen fehl, wenn wir meinten unsere Welt sei wieder in Ordnung, wenn wir, im Bild des Prozeß-Romans zu sprechen, nur die verstaubten Dachböden und Abstellkammern unserer Behörden einmal gründlich entrümpelten und in hellen Farben gehaltene, „besucherfreundliche" Amtsstuben mit stets frischen Blumen einrichteten. Damit scheint es, wenn wir Kafka recht verstehen, nicht getan. Gewiß hätte er, der Beamte der Arbeiter-Unfall-Versicherungs-Anstalt, jede Verbesserung im sozialen Bereich, jede „Humanisierung" der Arbeitswelt begrüßt, nur scheint damit die Welt nicht wieder in Ordnung gebracht. Vielmehr scheint den Menschen etwas Wesentliches, sie im tiefsten Grund, in ihrem ganzen Denken und Handeln Bestimmendes, verlorengegangen zu sein, von dem alles abhängt. Was wir als soziale Mißstände verurteilen, sind in Kafkas Sicht nur

---

[1] Drei Monate später, im Brief vom 9./10. 3. 1913, gebraucht Kafka wiederum dieses Wort: Beim Durchsehen der Hefte des Amerika-Romans sei er zu der Überzeugung gelang, daß „als Ganzes nur das erste Kapitel aus *innerer Wahrheit* herkomm[e]" [Hervorh. des Verf.]

Folgeerscheinungen eines ungleich schwerer wiegenden Verlustes. Aber eben diese Folgeerscheinungen – nämlich Entfremdung, Beziehungslosigkeit, Verselbständigung von Institutionen – kurzum die Mechanismen der babylonischen Verwirrung unseres Zeitalters – hat Kafka in seinen Texten mit einer Schärfe ins Bild gesetzt wie kein zweiter Autor unseres Jahrhunderts.

Um die Mitte des 19. Jahrhunderts glaubt Kafka noch ein anderes Verhältnis der Menschen zueinander zu erkennen. Das jedenfalls meint er aus dem Jahrgang 1863 einer Familienzeitschrift schließen zu können, deren Titel unsere Zeit meist mit einem mitleidigen Lächeln nennt: der *Gartenlaube*. Ein Genuß sei es ihm gewesen, so teilt er nach dem Durchblättern dieses Jahrgangs seiner Verlobten mit, „menschliche Verhältnisse und Denkweise in fertiger, aber noch ganz und gar verständlicher [...] Fassung zu erfahren": aufgefallen sei ihm, wie nahe sich damals ein jeder dem andern gefühlt habe: „der Herausgeber dem Abonnenten, der Schriftsteller dem Leser, der Leser den großen Dichtern der Zeit". (F 253-54) (Dazu zählte die Zeitschrift damals: Uhland, Jean Paul, Seume, Rückert.) Und eben diese „ganz und gar verständliche Fassung" menschlicher Verhältnisse glaubt Kafka 1913, d.h. also fünfzig Jahre später, nicht mehr zu erkennen. Man muß sich vergegenwärtigen, daß hier der Autor spricht, der ein Jahr später den Prozeß-Roman schreiben sollte, also einen Roman, der bis heute als unübertroffene Darstellung des Alptraums einer ganz und gar unverständlichen Welt gilt. Kafka maßte sich nicht an zu sagen, wie man der seit Mitte des vergangenen Jahrhunderts eingetretenen Entfremdung entgegenwirken könnte. Er stellte nur die Diagnose. Weder Marxismus noch Psychoanalyse schienen ihm eine geeignete Therapie bereitzuhalten.

Ganz vereinzelt glaubte er aber, noch zu seiner Zeit überzeugende Formen menschlicher Existenz zu beobachten. Freilich nicht in der städtischen Welt seiner Prager Umgebung, sondern in der stillen Abgeschiedenheit eines kleinen Dorfes in Nordwest-Böhmen. Als er, bald nach der Konstatierung seiner Lungentuberkulose, durch einen Aufenthalt bei seiner Schwester Ottla in Zürau Besserung seines Gesundheitszustandes zu erreichen suchte, trug er in sein Tagebuch eine überraschende Beobachtung ein:

Allgemeiner Eindruck der Bauern: Edelmänner, die sich in die Landwirtschaft gerettet haben, wo sie ihre Arbeit so weise und demütig eingerichtet haben, daß sie sich lückenlos ins Ganze fügt und sie vor jeder Schwankung und Seekrankheit bewahrt werden bis zu ihrem seligen Sterben. Wirkliche Erdenbürger. – (T 840)

Was dieser Notiz ihr Gewicht gibt, sie von beiläufigen Beobachtungen abhebt, sind Formulierungen wie: Die Arbeit dieser Bauern füge sich „lückenlos ins Ganze" und sie, die Bauern, seien „vor jeder Schwankung und Seekrankheit bewahrt".[1] „Schwankung" und „Seekrankheit" – das sind im Wortschatz Kafkas, ähnlich wie das zuvor zitierte Wort vom „Mangel des Bodens, der Luft, des Gebotes", Vokabeln existentieller Unsicherheit. Wir kennen sie aus vielen seiner Aufzeichnungen über sich selbst. Sie charakterisieren alle das geradezu körperlich empfundene Fehlen eines Halts. „Mir ist viel zu oft im Geiste", schreibt er einmal „wie dem Schiffbrüchigen im Körper ist, wenn er zwischen den unübersehbaren Wellen auf und ab geschwemmt wird ohne alle Barmherzigkeit." (F 704)

Kafka zweifelte also nicht an der Möglichkeit eines authentischen Lebens auch noch in seinem Jahrhundert. Nur meinte er, daß es für ihn, den Repräsentanten des Negativen seiner Zeit, nicht zu verwirklichen sei. Eine Rückkehr ins Judentum, in seine Religion und zugleich seine, mit Kafka zu sprechen, „Volksgemeinschaft", wäre eine solche Möglichkeit gewesen. Sie verschloß sich ihm, wenn er auch gelegentlich mit dem Gedanken an diese allerdings sehr entfernte Möglichkeit spielte. Er erkannte indes sehr wohl die Bedeutung dieser „Volksgemeinschaft" für die aus Galizien in die Metropole Berlin verschlagenen jüdischen Flüchtlinge und wurde nicht müde, seine in Berlin lebende Verlobte von der Notwendigkeit zu überzeugen, im „Jüdischen Volksheim" aktiv mitzuwirken.[2]

---

[1] Über Kafkas Schreibtisch hing eine „Kunstwart"-Reproduktion des Bildes von Hans Thoma „Der Pflüger" (vgl. Max Brod: *Über Franz Kafka*, S. 54).
[2] Vgl. Kafkas Briefe an Felice Bauer vom 19. Juli bis Ende September 1916. In: Franz Kafka: *Briefe an Felice* und andere Korrespondenz aus der Verlobungszeit. Hrsg. von Erich Heller und Jürgen Born. Mit einer Einleitung von Erich Heller. (Frankfurt/Main: S. Fischer Verlag, 1967), S. 667 ff., bes. S. 696-700.

Das Judentum seines Vaters war zu sehr veräußerlicht, als daß es für den Sohn überzeugendes Vorbild hätte gewesen sein können. Seiner Verlobten – sie war selbst Jüdin – erklärt er einmal in einem Brief:

> [...] dadurch daß für die jüdische Allgemeinheit wenigstens bei uns die religiösen Ceremonien sich auf Hochzeit und Begräbnis eingeschränkt haben, rücken diese zwei Gelegenheiten in eine so rücksichtslose Nähe, und man sieht förmlich die strafenden Blicke eines vergehenden Glaubens. (F 244; 10./11. Jan. 1913)

Die „strafenden Blicke eines vergehenden Glaubens" meinte Kafka des öfteren auf sich gerichtet zu sehen, auf sich und auf seine Zeit. Wie kein anderer Schriftsteller des 20. Jahrhunderts hat er die schmerzliche Erfahrung geistiger wie religiöser Orientierungslosigkeit ausgesprochen. Nicht in der Form des Essays oder der philosophischen Abhandlung – so sagte ich –, sondern in der ihm gemäßen Form des dichterischen Bildes: die vergebliche Anstrengung des einen, den andern zu erreichen, die Erfahrung des andern, auf das befreiende, vielleicht errettende, vielleicht gar erlösende Wort vergeblich zu warten, das Warten auf die Erlaubnis zum Eintritt ins Gesetz und dergleichen.

Lassen Sie mich abschließend noch einmal auf jenen zuvor erörterten rigorosen Versuch Kafkas zur Erhellung der eigenen Existenz aus dem Jahre 1918 zurückkommen, jene Notiz, die für das Verständnis der eigentümlichen Stellung dieses Kritikers der Moderne zu seiner Zeit von so zentraler Bedeutung ist. Er sei, so hatte er dort geschrieben, „nicht von der allerdings schon schwer sinkenden Hand des Christentums ins Leben geführt worden wie Kierkegaard" und er habe „nicht den letzten Zipfel des davonfliegenden jüdischen Gebetmantels noch gefangen wie die Zionisten". Kafkas Notiz läuft auf eine – sich freilich aus der Dialektik der Passage ergebende – Alternativformel zu, die immerhin die Möglichkeit eines Neubeginns in sich schließt – für Kafka, und – wenn er Repräsentant ist – auch für sein Jahrhundert. Der Schlußsatz heißt: „Ich bin Ende oder Anfang". Und mehr zu sagen steht auch uns nicht an.

Kafka als Leser

Was Kafka gelesen hat oder was er– zumindest dem Titel nach – kannte, läßt sich dem Verzeichnis seiner Bibliothek[1] sowie seinen Tagebüchern und Briefen annähernd entnehmen, ein vollständiges Bild von der Literatur, die ihm bekannt war, bieten sie nicht. Die Titel, die Kafkas Schwester Ottla[2], die seine Freunde und Gefährten in ihren Erinnerungen nennen, stimmen zwar weitgehend mit den von ihm selbst genannten überein, führen aber vereinzelt auch darüber hinaus: So erfahren wir beispielsweise erst durch den Rezitator Ludwig Hardt, wie sehr Kafka Johann Peter Hebel bewunderte. Hardt, dem Kafka seine Ausgabe von Hebels *Schatzkästlein des rheinischen Hausfreundes* mit einer Widmung geschenkt hatte, hebt schon 1924 in seinem Nachruf auf Kafka hervor, daß der Verstorbene den alemannischen Erzähler besonders schätzte. Max Brod bestätigt in seiner 1937 veröffentlichten Kafka-Biographie, Hebels *Schatzkästlein* habe zu Kafkas liebsten Büchern gehört (vgl. *Über Franz Kafka*, S. 49). Und Dora Dymant erinnert sich 1948 in ihrem Gespräch mit J.P. Hodin, Kafka habe ihr in Berlin aus Hebels *Schatzkästlein* die Geschichte vorgelesen „von der Liebsten des Bergmanns, die ihren Geliebten zur Grube begleitete und ihn dann niemals lebendig wiedersehen sollte",[3] also die Erzählung *Unverhofftes Wiedersehen*. Weder in den Tagebüchern noch in den bisher bekannten Briefen erwähnt Kafka den Titel von Hebels berühmter Sammlung. Und in der Bibliothek konnte der Band nicht sein – hatte Kafka ihn doch Ludwig Hardt geschenkt.

Max Brod teilt uns mit, daß François Coppées *Souvenirs d'un Parisien* zu Kafkas Lieblingsbüchern gehörte. Diesen Titel erwähnt Kafka ebenfalls weder in seinen Briefen noch in den Tagebüchern. Und in seiner Bibliothek konnte auch dieser Band nicht sein, denn er hatte ihn seinem Freunde zum Geschenk gemacht (vgl. M. Brod, *Über Franz Kafka*, S.99 u. 232f.).

---

[1] J. Born, *Kafkas Bibliothek*. Ein beschreibendes Verzeichnis (Frankfurt a.M.: S. Fischer 1990)
[2] In unveröffentlichten Briefen an ihren Verlobten Josef David (Privatbesitz).
[3] J.P. Hodin, „Erinnerungen an Franz Kafka". In: *Der Monat* (Juni 1949), H. 1-9, S.89-96.

Was Kafka gelesen hat, welche Bücher er kannte, läßt sich also – zieht man all diese Quellen heran –, mit einiger Genauigkeit sagen. Wie er las, welche Wirkung bestimmte Bücher auf ihn hatten, soll Gegenstand der weiteren Ausführungen sein.

Unbestritten ist die Bedeutung, die die Lektüre erzählender Dichtung in deutscher Sprache für Kafka hatte. Lebte er doch in einer Stadt, in der das gesprochene Deutsch um ihn herum immer mehr verstummte und schließlich vom Tschechischen ganz übertönt wurde. Doch ginge man fehl, wollte man bei den deutschsprachigen Autoren, die er las, von ‚literarischen Vorbildern' sprechen. Er bewunderte die Erzählkunst Goethes, Kleists, Grillparzers und Stifters. Die erzählende Prosa dieser Autoren konnte ihn so begeistern, daß er sie seinen Schwestern und Freunden vortrug, ja daß er Kleists *Michael Kohlhaas* sogar einmal öffentlich zum Vortrag brachte.

Daß er aber seinen Stil bewußt an ihnen geschult hätte, wäre ein Mißverständnis. Es gab keinen Schriftsteller, dessen Erzählweise oder Stil er nachzubilden sich bemüht hätte. Auch von dem ‚Einfluß' eines bestimmten Autors auf ihn wird man kaum sprechen können, wie man etwa von dem Einfluß Fontanes auf die Erzählkunst Thomas Manns spricht. Auch wenn Kafka selbst einmal, in übertriebener Selbstkritik, den *Heizer* eine „glatte Dickensnachahmung" nennt. (T 535f.) Grillparzer, Dostojewski, Kleist und Flaubert bezeichnet er in der oft zitierten Briefstelle nicht etwa als seine literarischen Vorbilder, sondern als seine „eigentlichen Blutsverwandten". (F 460) Das ist etwas wesentlich anderes, den ganzen Menschen Umfassendes, das ist eine Form existentieller Identifikation. Worin er sich ihnen so nahe fühlte, das war nicht, jedenfalls nicht in erster Linie, die Art ihres Schreibens, sondern die – in seinen Augen ausweglose – Künstlerproblematik: die unbedingte und vollkommene Hingabe an die Literatur und damit im Grunde ein Verzicht auf Ehe und Familie. Das aber bedeutet auch das von ihm immer wieder als schmerzlich empfundene Ausgeschlossensein aus jeder Gemeinschaft. Und so glaubte er in späteren Jahren, er habe sich mehr in jenem „Grenzland zwischen Einsamkeit und Gemeinschaft" angesiedelt als in der Einsamkeit selbst. (T 548) Eine ähnliche Ausweglosigkeit meinte er denn auch bei den vier genannten Schriftstellern, seinen „eigentlichen Blutsverwandten", zu erkennen.

Natürlich kannte Kafka auch viele der literarischen Werke Grillparzers, Dostojewskis, Kleists und Flauberts. Mit dem Text des *Armen Spielmann* z.B. war er besonders gut vertraut. Ihn trug er einmal seiner Schwester Ottla vor. „Mein aus Eingebungen fließendes Vorlesen des ‚Armen Spielmann'," so vermerkt im August 1912 das Tagebuch. (T 282) Noch im April 1914 erinnert er sich: „... es brach wirklich mit einer unmenschlichen Selbstverständlichkeit aus mir hervor, ich war über jedes Wort glücklich, das ich aussprach." Ja er glaubte im August 1912 diese Novelle so vollkommen vorgelesen zu haben, wie er noch „niemals etwas vorgelesen habe". (F 551) *Die Brüder Karamasoff* sowie *Schuld und Sühne* kannte er bis in Details. *Michael Kohlhaas* trug er sogar, wie bereits erwähnt, einmal öffentlich vor. *L'Éducation sentimentale* schließlich bezeichnete er als ein Buch, das ihm „durch viele Jahre nahegestanden ist, wie kaum zwei oder drei Menschen". (F 95)

Mit den Lebenszeugnissen dieser und anderer Autoren war er jedoch ebenso gut vertraut, mit einigen sogar besser. Die Tagebücher Grillparzers und Hebbels, wie auch die Briefe Fontanes habe Kafka, so Max Brod, „weit genauer" gekannt „als die Dichtungen dieser Autoren". (*Über Franz Kafka*, S. 99) Diese Beobachtung des Freundes wird durch die Titel in der 1982 aufgefundenen Bibliothek bestätigt: Die Vielzahl der Brief-, Tagebuch- und Memoiren-Bände, biographischer oder autobiographischer Schriften ist nicht zu übersehen.

Kafkas Interesse an Selbstzeugnissen zeigte sich schon früh. Bereits der Zwanzigjährige berichtet seinem Freund Oskar Pollak voller Begeisterung, er habe die vier Bände der Hebbelschen Tagebücher „(an 1800 Seiten) in einem Zuge gelesen". Und weiter heißt es in diesem Brief: „... wenn man so ein Leben überblickt, das sich ohne Lücke wieder und wieder höher türmt, so hoch, daß man es kaum mit seinen Fernrohren erreicht, da kann das Gewissen nicht zur Ruhe kommen. Aber es tut gut, wenn das Gewissen breite Wunden bekommt [...]. Wenn das Buch, das wir lesen, uns nicht mit einem Faustschlag auf den Schädel weckt, wozu lesen wir dann das Buch? Damit es uns glücklich macht, wie Du schreibst? Mein Gott, glücklich wären wir eben auch, wenn wir keine Bücher hätten, und solche Bücher, die uns glücklich machen, könnten wir zur Not selber schreiben. [...] ein Buch muß die Axt sein für das gefrorene Meer in uns". (Br 27f.)

Deutlich spricht aus diesem Kommentar die Begeisterung, welche Hebbels Tagebücher in dem Zwanzigjährigen hervorriefen: „Wenn man so ein Leben überblickt, ..." Das Leben anderer zu überblicken, besonders das anderer Schriftsteller, durch die Lektüre von Tagebüchern und Briefen, war auch in späteren Jahren immer wieder Kafkas Wunsch.

Nicht zu verkennen ist die untrennbare Verbindung, die für Kafka zwischen dem Buch und dem Menschen bestand, der es hervorgebracht hatte. Bei der Lektüre einer Erzählung oder eines Romans hatte er immer auch die Person des produzierenden Schriftstellers vor Augen. Nach der Lektüre eines Strindberg-Romans notiert er voller Bewunderung: „Diese Wut, diese im Faustkampf erworbenen Seiten." (T 421) Sich die Person des schreibenden Autors vorzustellen, war für ihn im Falle mancher zeitgenössischer Schriftsteller nicht schwer. Autoren wie Max Brod, Ernst Weiß, Franz Werfel, Otto Stoessl u.a. kannte er persönlich. Da bedurfte es keiner Imagination. Im Falle von Grillparzer, Dostojewski, Kleist und Flaubert aber vertiefte er sich zu diesem Zweck in deren Lebenszeugnisse und/oder Biographien: *Franz Grillparzers Lebensgeschichte* von Heinrich Laube kannte er spätestens seit September 1913, dessen *Selbstbiographie* und die *Reisetagebücher* spätestens seit März 1914. Dostojewskis Briefe hatte er schon 1913/14 gelesen, besaß zumindest eine Auswahl in seiner Bibliothek; außerdem kannte er die Erinnerungen Grigorowitschs, die biographische Studie Nina Hoffmanns, den Beitrag N.N. Strachoffs zur Lebensgeschichte Dostojewskis, schließlich die dem russischen Erzähler gewidmete psychologische Studie von Otto Kaus.

Von Kleist kannte er nachweislich schon seit 1911 die Jugendbriefe, vermutlich aber auch andere Briefe, darunter die an Wilhelmine von Zenge. Auch einige Studien über Kleist hatte er gelesen. Was Flaubert angeht, so kannte er dessen *Tagebücher*, die *Briefe über seine Werke*, die Erinnerungen an ihn von Caroline Commanville, der Nichte Flauberts, und die Studie über ihn von René Dumesnil.

Kafka wollte sich, wie gesagt, den Menschen vorstellen können, aus dem dieses oder jenes Buch hervorgegangen war. Immer suchte er, über den Schriftsteller hinaus, ein Bild des ganzen Menschen zu gewinnen, versuchte die fiktionalen Texte im Zusammenhang zu sehen mit der aus den Lebenszeugnissen des Autors hervortretenden Persönlichkeit. Wie Leben und Werk ineinandergreifen, welche Wechselwirkung zwischen beiden besteht, wußte er aus eigener Erfahrung sehr genau.

Erkennen wollte er vor allem wie der Mensch, der dieses oder jenes Buch geschrieben hatte, mit dem Zwiespalt Künstler – Bürger (mit Thomas Mann zu sprechen) fertig geworden war, mit der Unvereinbarkeit zwischen einem der Literatur gewidmeten Leben und der einer Gemeinschaft gegenüber verantwortlichen sozialen Existenz, sei es in der Gemeinschaft der Ehe, der Familie, sei es in der Glaubensgemeinschaft.

Nicht zu übersehen ist der stark subjektive Charakter von Kafkas literarischen Urteilen. Er selbst ist sich dessen allerdings auch bewußt: „... ich kann nur Bücher halten", gesteht er seinem Freund Felix Weltsch, „die mir von Natur sehr nah sind, nah bis zur Berührung, alles andere marschiert an mir vorüber ...". (Br 203) „Nah bis zur Berührung" waren ihm – über eine Reihe von Romanen und Erzählungen der Weltliteratur hinaus – aber auch jene anspruchslosen Titel aus der Jugendbücherei „Schaffsteins Grüne Bändchen", die er in einem Brief an seine Verlobte als seine „Lieblingsbücher" bezeichnete. Eins davon, Oskar Webers *Der Zuckerbaron,* Schicksale eines ehemaligen deutschen Offiziers in Südamerika (Köln 1914), ginge ihm, schreibt er, so nahe, als handelte es von ihm oder als „wäre es die Vorschrift [seines] Lebens". (F 738) Am 15. Dezember 1913 notiert er über ein zweites dieser Bändchen: „*Wir Jungen von 1870/71* gelesen". Und weiter vertraut er seinem Tagebuch an: „Wieder von den Siegen und begeisterten Szenen mit unterdrücktem Schluchzen gelesen." (T 344) Das schreibt, wohlgemerkt, kein

Fünfzehnjähriger, das schreibt der dreißigjährige Kafka – d.h. also, kein unkritischer Leser und jemand, der sonst mit der Kritik nicht hinterm Berge hielt. Das schreibt derselbe Kafka, der eine Woche davor im Roman *Die Galeere* von Ernst Weiß „Konstruktionen" aufgespürt zu haben glaubte, der im Februar 1913 Arthur Schnitzler „widerlichster Schreiberei" bezichtigte (F 299) und von der Prosa Else Lasker-Schülers mit kaum zu begründender polemischer Schärfe bemerkt, darin arbeite „das wahllos zuckende Gehirn einer sich überspannenden Großstädterin". (F 296)

Wie erklärt sich, daß jemand, der Werken zeitgenössischer Prosadichtung so kritisch gegenüberstand, von der Lektüre eines einfachen Jugendbüchleins so ergriffen wurde, daß er gegen seine Empfindungen ankämpfen mußte? Schließlich geht es hier nicht um einen Text von Kleist, Stifter oder Grillparzer, sondern um die 1913 erschienen Erinnerungen des Verlegers Hermann Schaffstein an eine Zeit, die er als Schüler in seiner Heimatstadt Soest in Westfalen miterlebte und von der er aus seiner damaligen Perspektive berichtet. Zu erklären ist diese Vorliebe Kafkas nicht ohne weiteres, sind diese volkstümlich geschriebenen Bändchen – hier sind es Kriegsberichte, die anderen Bändchen, die Kafka las, bieten Reise- und Abenteuerberichte – doch literarisch kaum von Bedeutung; allerdings treten sie auch, sei hinzugefügt, ohne literarischen Anspruch auf.

Vielleicht kommen wir einer Antwort näher, wenn wir uns daran erinnern, daß Kafka auch unter den Erzählern und Lyrikern von Rang die volkstümlichen Autoren besonders schätzte: neben Johann Peter Hebel auch Matthias Claudius, Justinus Kerner und Joseph von Eichendorff. Im Falle des Bändchens *Wir Jungen von 1870/71* bietet sich allerdings noch eine andere Erklärung an. Es folgt nämlich im Tagebuch auf jenen zuvor zitierten Satz, in dem vom „unterdrückten Schluchzen" die Rede war, noch die Bemerkung: „Vater sein und ruhig mit seinem Sohn reden. Dann darf man aber kein Spielzeughämmerchen an Stelle des Herzens haben". (T 344) Die Wendung am Schluß verrät den persönlichen Bezug Kafkas zu der Situation, die Schaffsteins Erinnerungen an den deutsch-französischen Krieg vor Augen führt: ein Gespräch zwischen Vater und

Sohn. Das erklärt vermutlich, warum ihn dieses Büchlein so ergriff. Es war weniger die mitreißende Schilderung der Ereignisse, als die besondere Situation, die sich in diesen Erinnerungen darstellt. Es ist nämlich eine Situation, die sich Kafka sehnlichst wünscht, von der er aber befürchtet oder ahnt, er sei nicht stark genug, um ihr zu entsprechen. So wie er es immer wieder als schmerzlich empfand, daß sein eigener Vater zu stark und zu unduldsam war, als daß er in der Lage gewesen wäre, „ruhig mit seinem Sohn reden" zu können.

Hier, wie auch anderswo in den Tagebüchern, gelegentlich aber auch in den Briefen, wird die Unmittelbarkeit seiner Lektüre-Erlebnisse augenscheinlich. Er liest immer auf sich bezogen, stellt Vergleiche an zwischen dem geschilderten und dem eigenen Leben, wobei er – besonders im Tagebuch – nicht mit Selbstkritik spart.

Nun wird es kaum jemanden geben, der die Lebensgeschichte eines anderen Menschen völlig distanziert von sich selbst aufzunehmen vermag. Unwillkürlich vergleicht wohl jeder die dargestellten Erfahrungen und Erlebnisse mit den eigenen. Kafka aber, das zeigen besonders die Tagebücher, war bei seiner Lektüre von Lebenszeugnissen ungewöhnlich stark beteiligt. Er durchlebte dabei die Situationen des anderen, vermochte sich ganz in dessen Lage zu versetzen.

So teilnehmendes Lesen beruht natürlich auf der Vorstellungskraft und der Erlebnisfähigkeit des Schriftstellers und überhaupt des Künstlers. Aber die Bereitschaft Kafkas, sich so rückhaltlos einem Autor zu überlassen, hat auch etwas mit seiner „inneren Unsicherheit" zu tun. Es gab oft Zeiten, in denen er im Lesen – ähnlich wie auch in seinem eigenen Schreiben – Halt zu finden glaubte. So meinte er z.B. im Mai 1915 während der Lektüre von Strindbergs autobiographischem Roman *Entzweit* eine „Besserung [seines] Zustandes" zu bemerken. Und er fügt hinzu: „Ich lese ihn nicht, um ihn zu lesen, sondern um an seiner Brust zu liegen. Er hält mich wie ein Kind auf seinem linken Arm [...] Bin zehnmal in Gefahr abzugleiten, beim elften Versuch sitze ich aber fest, habe Sicherheit und große Übersicht". (T 475) Der Vergleich mit dem

Kind, das von dem Vater-Autor gehalten wird, drückt sinnfällig das beim Lesen gewonnene Gefühl des Geborgenseins aus.

Die Wirkung, welche die Lektüre von Briefen oder Memoiren auf ihn hat, macht Kafka bereits Anfang Dezember 1911 zum Gegenstand einer für uns aufschlußreichen Betrachtung, einer Betrachtung übrigens, die in Duktus und Stilspannung deutlich an das – einen Monat später entstandene – Stück *Der plötzliche Spaziergang* erinnert:

> Wenn man über einem Buch mit Briefen oder Memoiren, gleichgültig von was für einem Menschen, diesmal von Karl Stauffer-Bern, still hält, nicht aus eigener Kraft ihn in sich zieht, denn dazu gehört schon Kunst und die beglückt sich selbst, sondern hingegeben – wer nur nicht Widerstand leistet, dem geschieht es bald – von dem gesammelten fremden Menschen sich wegziehn und zu seinem Verwandten sich machen läßt, dann ist es nichts Besonderes mehr, wenn man durch Zuschlagen des Buches, wieder auf sich selbst gebracht, nach diesem Ausflug und dieser Erholung sich in seinem neu erkannten, neu geschüttelten, einen Augenblick lang von der Ferne aus betrachteten eigenen Wesen wieder wohler fühlt und mit freierem Kopfe zurückbleibt. – (T 186)

Zunächst also geht es darum, sich dem Autor, dem anderen Menschen zu überlassen, sich von ihm „wegziehn" und zu dessen „Verwandten" machen zu lassen. Unterbreche man dann das Lesen, so fühle man sich „nach diesem Ausflug und dieser Erholung" wieder wohler, und zwar dadurch, daß man das eigene Wesen „einen Augenblick von der Ferne aus" zu betrachten vermochte. Das habe zur Folge, daß man mit „freierem Kopfe" zurückbleibe. Das durch die Lektüre bewirkte Hinübergleiten in den Bereich des anderen Menschen schaffe also eine zeitweilige Distanz zu sich selbst, ermögliche ein Abrücken von der eigenen Person, so daß man Klarheit über sich selbst zu gewinnen vermag.

Kafka war von Hause aus nicht Kritiker, sondern Künstler. Und als eine künstlerische Natur von hoher Sensibilität war er seelischen Schwankungen sehr viel stärker unterworfen als der künstlerisch nicht produktive, von der schöpferischen Einbildungskraft weit weniger abhängige Mensch. So urteilt er denn über Literatur viel unmittelbarer, spontaner, vom literarischen Geschmack der Zeit weit weniger beeinflußt als andere.

Die Spontaneität seines Urteilens mindert indes nicht die Schärfe des Blicks für die Unzulänglichkeiten manches zeitgenössischen Erzählers. Zu Martin Beradts Roman *Eheleute* zum Beispiel notiert er im Januar 1911 ins Tagebuch: „Ein plötzliches einförmiges neckisches Auftreten des Autors, zum Beispiel alle waren lustig, aber einer war da, der war nicht lustig. Oder: da kommt ein Herr Stern (den wir bis in seine Romanknochen hinein schon kennen)." Ähnliches gäbe es zwar auch bei Hamsun, fügt Kafka hinzu, aber dort sei es „so natürlich wie die Knoten im Holz, hier aber tropft es in die Handlung wie eine Modemedizin auf Zucker". (T 38)

Doch auch die mangelnde künstlerische Kraft eines Autors erkennt Kafka auf einen Blick. Grete Bloch bat ihn einmal, eine „Legende" aus der Feder ihres Bruders[1] zu lesen. Kafka entsprach dieser Bitte, hielt aber mit seiner Kritik nicht zurück: Es sei doch „nur kindliche Arbeit, von hier und dort zusammengetragen und ein schwaches Ganzes abgebend". Im weiteren kritisiert er an der Legende Hans Blochs „Überschwenglichkeit der bloßen Worte". Als Beispiel zitiert er den Satz: „Da wehrte sich das Leben in mir und schrie auf wie ein todwundes Tier". In einem späteren Brief bemängelt Kafka an diesem Text jedoch noch etwas viel Entscheidenderes. Indirekt spricht er dabei aus, wie ein erzählerischer Text seiner Meinung nach auf den Leser wirken sollte. „Unüberwindbar" bliebe für ihn, so Kafka, „der trockene Aufbau der ganzen Allegorie", die eben nichts sei als Allegorie, „alles sagt, was zu sagen ist, nirgends ins Tiefere geht und ins Tiefere zieht". (F 596) Denken wir an Stücke wie Kafkas Türhüterlegende *Vor dem Gesetz*, an *Eine kaiserliche Botschaft* oder an *Ein altes Blatt*, die sich doch allen Versuchen, sie allegorisch auszulegen, immer wieder entziehen, so verstehen wir, was er meint, wenn er an der Legende

---

[1] Hans Bloch, „Die Legende von Theodor Herzl" In: *Der Zionistische Student*. Flugschrift des KZV (Kartell zionistischer Verbindungen) Berlin o. J. [1912].

Hans Blochs jenes Ins-Tiefere-Gehen und Ins-Tiefere-Ziehen als ein für ihn wesentliches Element der Dichtung vermißt.

Die Schärfe seines Blickes wurde durch freundschaftliche Beziehungen im allgemeinen nicht getrübt; eine Ausnahme bilden die Bücher Max Brods, und Kafka war sich dessen bewußt.

Kafkas Desinteresse, zumindest seine Zurückhaltung, gegenüber der literarischen Moderne hob bereits Brod mehrfach hervor. Dabei scheint ihn die von Ferdinand Avenarius herausgegebene Zeitschrift *Der Kunstwart*, Kafka las sie in den Jahren seines Universitätsstudiums, bis zu einem gewissen Grad beeinflußt zu haben. *Der Kunstwart* empfahl nämlich die Lektüre der deutschen Klassiker und rief zur Skepsis gegenüber der zeitgenössischen literarischen Avantgarde auf. Der ‚Einfluß' dieser Zeitschrift auf Kafka bestand aber vor allem darin, daß sie ihn in seiner ursprünglichen Haltung bestätigte. Sie änderte sich auch in späteren Jahren kaum. Nur darf man darin keinen grundsätzlichen und schon gar keinen weltanschaulichen Konservatismus sehen. Wo sich in der Literatur etwas Neues mit Notwendigkeit Bahn brach, wies Kafka es nicht zurück. Was er aber ablehnte, war das Gewollte, war das, was er etwa in den Gedichten Else Lasker-Schülers als „künstlichen Aufwand" empfand. (F 296) Ihm widerstrebte das um jeden Preis Neue, eine Dichtung, die durch Experimente mit der Sprache Aufsehen erregen wollte. Dem – ihm hohl erscheinenden – Pathos expressionistischer Lyrik und Prosa hielt er die Schlichtheit der Sprache eines Johann Peter Hebel oder eines Matthias Claudius entgegen.

So gehört es denn zu den merkwürdigsten Paradoxien in der Geschichte der Literaturkritik, wenn Georg Lukács in den fünfziger Jahren Kafka als einen „Avantgardisten" bezeichnet, vor dessen Nachfolge er die jungen Autoren nachdrücklich warnt. Mag Kafkas Erzählkunst, zumindest um die Mitte unseres Jahrhunderts, auf manchen Leser „avantgardistisch" gewirkt haben, er selbst verstand sich nie als Schriftsteller der Avantgarde. Und zumindest die sprachlich-stilistischen Mittel seines Erzählens deuten überhaupt nicht darauf hin. Der literarischen Avantgarde seiner Zeit – den Expressionisten – stand er distanziert gegenüber. Obwohl die Jahre seiner schriftstellerischen Entfaltung in die Zeit des deutschen Expressionismus fallen, finden sich weder in seiner Bibliothek noch unter den in seinen Tagebüchern oder Briefen erwähnten Büchern nennenswerte Titel von Autoren, die dem Expressionismus zugerechnet werden. Ausnahmen bilden hier Franz Werfel, Ernst Weiß und Gottfried Kölwel, die er persönlich kannte und die ihm ihre Bücher schenkten. Mit Albert Ehrensteins Gedichten wußte er jedenfalls im September 1913 „nicht viel anzufangen". (F 464) Über einen der führenden Dramatiker des Expressionismus, den er allerdings erst 1923 kennenlernte, heißt es in einem seiner Briefe an Milena: „Georg Kaiser – ich kenne wenig von ihm und hatte keine Lust nach mehr ...". (M 308) So sehr denn auch der Kurt Wolff Verlag in seiner Werbung Kafka schon seit 1916 als Autor der literarischen Moderne zu präsentieren sich bemühte, er selbst sah sich, wie auch Brod nachdrücklich versicherte, nie in der Phalanx dieser Autoren. Und die Bücher seiner Bibliothek, soweit sie auf seine Wahl zurückgehen, bestätigen dieses Selbstverständnis.

Der Illustrator als Interpret: Dargestellte Wirklichkeit in Kafkas *Prozeß*

„Was Illustrationen angeht, und böte man mir hunderttausend Franken, ich schwöre Dir, es wird *keine einzige* erscheinen". So schreibt Gustave Flaubert 1862 mit Blick auf seinen noch unveröffentlichten Roman *Salammbô* an einen Freund. Und er fährt fort: „Also ist es unnötig, darauf zurückzukommen. Schon der Gedanke daran bringt mich zur Raserei. Ich finde das stumpfsinnig, besonders bei *Karthago*. Nie, nie! Lieber das Manuskript auf unbestimmte Zeit wieder in meine Schublade verkapseln". Ein paar Zeilen weiter drückt er seinen Unmut über die Hartnäckigkeit des Verlegers Levy aus, der immerfort auf der Illustration des künftigen Buches beharrt. Ja er, Flaubert, glaube schon vorauszusehen, wie die beabsichtigten Illustrationen die Kunst seiner Dichtung verfehlen werden: „Ah! man zeige ihn mir, den Kerl, der Hannibals Porträt machen kann, und die Zeichnung eines karthagischen Sessels! er wird mir einen großen Dienst leisten. Es lohnte sich kaum der Mühe, so viel Kunst aufzuwenden, um alles unbestimmt zu lassen, damit nachher ein Schusterjunge käme und mir durch seine alberne Präzision meinen Traum zerstörte."[1]

Kafka, der das Werk des französischen Romanciers rückhaltlos bewunderte, kannte spätestens seit Juni 1912 auch dessen *Briefe über seine Werke*[2]; sie enthalten auch den gerade zitierten Brief an Jules Duplan. Und bei der Aufmerksamkeit, die er Flaubert entgegenbrachte, wird ihm auch dessen vehemente Abneigung gegen die Illustration von *Salammbô* gewiß in Erinnerung geblieben sein. Ja er mag sich auch an Flauberts Befürchtung erinnert haben, ein literarisch unsensibler Illustrator könnte durch pedantische Genauigkeit die vom Autor bewußt gewahrte Unbestimmtheit auflösen.

---

[1] Gustave Flaubert, *Briefe über seine Werke*. Ins Deutsche übertragen von E. Greve. (7. Bd. der Gesammelten Werke, Hrsg. von E.W. Fischer) Minden: Bruns, 1909, S. 210f.
[2] Vgl. Franz Kafka, *Tagebücher*. Hrsg. von Hans-Gerd Koch, Michael Müller und Malcolm Pasley. (Frankfurt/M.: S. Fischer, 1990), S. 425.

Weniger temperamentvoll als Flaubert, wenn auch nicht weniger deutlich, spricht sich Gottfried Keller gegen die Illustration der Erzählung *Romeo und Julia auf dem Dorfe* aus, und zwar in einem Brief an seinen Verleger vom Februar 1884. Er sei, so erklärt er dem Verleger, „nicht gerade begeistert" für „die Zeitrichtung, die Literatur immer mehr an das Schlepptau der Illustration zu hängen", ja er fürchte, so heißt es weiter, „das große Lesepublikum werde zuletzt das selbsttätige innere Anschauen poetischer Gestalten ganz verlernen und nichts mehr zu sehen imstande sein, wenn nicht ein Holzschnitt daneben gedruckt ist."[1] Kellers Vorbehalte sind auch im Juli desselben Jahres trotz der Argumente seines Verlegers nicht ausgeräumt: Gewiß, wenn Professor Thumann seine „Dorfgeschichte" illustrieren sollte, werde „allerdings ein elegantes Werk entstehen". Freilich werde es dann „die frei wirkende Vorstellungskraft des Lesers um so mehr bevormunden".[2]

Daß die Befürchtungen Gottfried Kellers berechtigt waren, das Lesepublikum würde „zuletzt das selbsttätige innere Anschauen poetischer Gestalten ganz verlernen", steht heute, fast 90 Jahre später, außer Zweifel. Anders als die den Text begleitenden, nur einzelne Szenen vor Augen führenden Illustrationen, setzt die Verfilmung eines Romans die gesamte Handlung um; sie bringt damit den Leser völlig um das „selbsttätige innere Anschauen".

Keine dreißig Jahre nach der Korrespondenz zwischen Keller und seinem Verleger ist eine Illustration, genauer: das Titelblatt zu einer Erzählung Franz Kafkas, Thema des Briefwechsels zwischen dem Autor und seinem Verleger Kurt Wolff. Im Oktober 1915 hatte ihm der Verlag vorgeschlagen, *Die Verwandlung* in der Reihe „Der jüngste Tag" erscheinen zu lassen, und zwar mit dem Titelblatt eines Illustrators, der schon Prosadichtungen anderer zeitgenössischer Autoren mit seinen Zeichnungen versehen hatte, u.a. Erzählungen Sternheims, Edschmids und Schickeles.

---

[1] Gottfried Keller, *Gesammelte Werke*, in vier Bänden. Hrsg. von Carl Helbling. (Bern 1950-1954), Bd. 3/2, S. 315; wiederabgedruckt in: Gottfried Keller, *Dichter über ihre Dichtungen*. Hrsg. Von Klaus Jeziorkowski. (München: Heimeran, 1969), S. 333.

[2] G. Keller, *Gesammelte Werke*, a.a.O., S. 317.

Gemeint ist der Illustrator Ottomar Starke. Auf diesen Vorschlag antwortet Kafka unverzüglich – gleichsam als wolle er das Schlimmste verhindern: Er habe bei dem Gedanken an die Illustration seiner Erzählung durch Starke „einen kleinen [...] Schrecken bekommen". Es sei ihm nämlich eingefallen, „da Starke doch tatsächlich illustriert", der Künstler könnte „etwa das Insekt selbst zeichnen wollen". Und Kafka beschwört den Verlag: „Das nicht, bitte das nicht!" Er wolle, so fährt er fort, den „Machtkreis" des Künstlers keineswegs einschränken, aus seiner (Kafkas) „natürlicherweise bessern Kenntnis der Geschichte heraus" bitte er aber, von jeder Darstellung des Insekts absehen zu wollen: „Das Insekt selbst kann nicht gezeichnet werden. Es kann aber nicht einmal von der Ferne aus gezeigt werden".[1]

Das ist – ungeachtet der Höflichkeit, mit der sie ausgesprochen wird – eine entschiedene Forderung. Der Autor glaubt sich berechtigt, wie er betont: aus seiner „natürlicherweise bessern Kenntnis der Geschichte heraus", dem Illustrator ein solches Tabu auferlegen zu dürfen. Im weiteren seines Briefes schlägt Kafka – gewissermaßen als Ersatz – andere Motive für das Titelblatt vor: z.B. die Eltern Gregors und der Prokurist oder die Eltern und die Schwester – sie könnten durchaus Gegenstand der graphischen Darstellung sein, nicht aber Gregor selbst, der in das Insekt verwandelte Handelsreisende. Die Bestimmtheit, mit der der sonst in seinem Urteil eher schwankende und zurückhaltende Autor hier für das Titelblatt seiner damals kaum bekannten Erzählung Anweisungen erteilt, ist überraschend. Bemerkenswert ist außerdem, wie Kafka seine Befürchtung begründet: Er habe die drei Lithographien Ottomar Starkes zu Sternheims Novelle „Napoleon" gesehen und festgestellt, daß der Künstler im Wortsinn, „tatsächlich illustriert". Daher seine Befürchtung, der mit dem Titelblatt betraute Starke könnte sich mit der Absicht tragen, auch *Die Verwandlung* „tatsächlich" zu illustrieren, d.h. eine Szene so wiederzugeben, daß die Verwandlung Gregors, innerhalb der fiktionalen Welt

---

[1] Franz Kafka, *Briefe 1902-1924*. Hrsg. von Max Brod. (Frankfurt/M.: S. Fischer, 1966), S. 135f.

CARL STERNHEIM
NAPOLEON

DER JÜNGSTE TAG
KURT WOLFF VERLAG · LEIPZIG
1915

Ottomar Starke

der Erzählung, nicht etwa als Wahnidee, sondern als Tatsache aufgefaßt wird. Warum aber, so dürfen wir fragen, verwahrt sich der Autor so ausdrücklich gegen die Darstellung des Insekts, warum hegt er Bedenken gegen die zeichnerische Wiedergabe eines Wesens, das zu Anfang der Erzählung immerhin als „ungeheueres Ungeziefer" bezeichnet wird?

Ist es, mit Kafka zu sprechen, das Ungeheuerliche dieses Anblicks, der, zeichnerisch dargestellt, allzu groteske Züge gewinnen könnte? Oder ist es Kafkas Erzählweise „von innen", die einer solchen Objektivierung grundsätzlich entgegensteht?

Bekanntlich hat Starke bei der Zeichnung des Titelblatts zum einen von der Darstellung des Insekts abgesehen. Zum andern hat er Kafkas Vorschlag mit der offenstehenden Tür zu dem „ganz finsteren Nebenzimmer", wie das Titelblatt zeigt, aufgegriffen. Davor aber sieht man auf der Lithographie nicht den Prokuristen, nicht die Eltern noch die Schwester, sondern einen jüngeren Mann in Schlafrock und Pantoffeln, der sich, entsetzt die Hände vors Gesicht haltend, von dem dunklen Zimmer abwendet, als habe er dort gerade etwas Schreckliches erblickt.

Über die Frage, wer dieser Mann wohl sei, wurde in den fünfziger Jahren lebhaft spekuliert. Denn Friedrich Beißner glaubte in der Figur dieses Mannes einen heimlichen Wink des Autors an seine Leser entdeckt zu haben: Der Handelsreisende Gregor Samsa sei ja nicht „wirklich verwandelt", die Ungezieferexistenz sei nur der quälende Alptraum einer gepeinigten Seele. Da aber Kafka eine strenge Erzählperspektive wahrt, so daß der Leser nie mehr zu erfahren vermag als der Held, sei dies für ihn die einzige Möglichkeit gewesen, dem Leser außerhalb des Textes zu signalisieren: Gregor ist nicht wirklich verwandelt, das alles ist nur seine Wahnidee, ist nur ein Alptraum.

Denn, so fährt Beißner fort, wer sollte der junge Mann auf dem Titelblatt anders sein als Gregor selbst. Der Vater Samsa müßte beträchtlich älter sein, der Prokurist sei in der Erzählung ganz anders dargestellt. Beißner glaubte damit den schlagenden Beweis gefunden zu haben.

Als Beißners Essay *Der Erzähler Franz Kafka* 1952 als selbständige Veröffentlichung erschien, meldete sich überraschenderweise einer der Betroffenen zu Wort, der damals sechsundsechzigjährige Illustrator Ottomar Starke.[1] Er stellte Beißners These in Frage: Eine graphische Darstellung auf dem Titelblatt habe die Aufgabe, so Starke, den Inhalt eines Buches in einer Art Stichwort zusammenzufassen. Und das Stichwort für Kafkas *Verwandlung* hieß: „Grauen! Verzweiflung!" Das und nichts weiter habe er mit der sich von dem finsteren Zimmer abwendenden Figur ausdrücken wollen. Jedenfalls glaubte sich Starke nach siebenunddreißig Jahren noch an diesen Sachverhalt erinnern zu können.

Nun waren Kafkas Briefe und eben auch der an den Kurt Wolff Verlag, aus dem ich eingangs zitierte, zu Beginn der fünfziger Jahre noch gar nicht veröffentlicht; sie erschienen erst 1958 im Druck. Dieser Brief war also weder Friedrich Beißner noch Ottomar Starke bekannt, wenn wir auch vermuten dürfen, Starke habe seinerzeit durch Kurt Wolff von Kafkas Vorschlägen erfahren: Die offenstehende Tür „zum ganz finsteren Nebenzimmer" findet sich nämlich allzu deutlich auf dem Titelblatt. Beißner wiederum glaubte nach der Veröffentlichung von Kafkas Briefen seine Jahre zuvor geäußerte Vermutung „im wesentlichen bestätigt" zu sehen, d.h. was Kafkas Vorschlag zur Gestaltung des Titelblatts angeht. Er gab andererseits zu, daß seine 1952 ausgesprochenen Thesen „vielleicht in einem Punkt zu weit" gegangen seien.[2]

Daß Kafka auch den zwei Jahre später entstandenen Roman *Der Prozeß*, mit Beißner zu sprechen, „von innen erzählt", d.h. aus der Perspektive der Hauptfigur, wird man kaum bestreiten. Das gesamte Geschehen wird aus den Augen Josef K.s geschildert, alle dem Leser mitgeteilten Überlegungen sind *seine* Überlegungen, mit Ausnahme vielleicht des berühmten, vieldiskutierten Eingangssatzes und des Schlußsatzes.

Und wenn der Erzähler dieses Romans der Vorstellungskraft des Lesers auch nicht annähernd so qualvolle Perspektiven zumutet wie der Erzähler der *Verwandlung* seinem Leser, auch Josef K.s Geschichte ist ein Leidensweg, ist ein Strafprozeß, ist

---

[1] Ottomar Starke, „Kafka und die Illustration". In: *Neue Literarische Welt*, 4. Jg. (1953), Nr. 9, S. 3.
[2] Friedrich Beißner, *Der Schacht von Babel*. Aus Kafkas Tagebüchern. (Stuttgart: Kohlhammer, 1963), S. 47.

FRANZ KAFKA
DIE VERWANDLUNG

Ottomar Starke

ein „peinlicher" Prozeß, und zwar in der doppelten Bedeutung des Wortes: der ursprünglichen ('schmerzhaft', 'an Leib und Leben gehend') und in der heutigen, abgeschwächten ('in Verlegenheit bringend'). Schließlich wird Josef K., wie es Kafka einmal im Tagebuch unter dem 30. September 1913 notiert, „strafweise umgebracht".[1]

---

[1] Franz Kafka, *Tagebücher*, a.a.O., S. 757.

Die Künstler, die sich seit der ersten Veröffentlichung im Jahre 1925 mit dem Prozeß-Roman auseinandersetzten, haben diese innere Wirklichkeit auf höchst unterschiedliche Weise wiedergegeben. Dabei wurden sie – nolens volens – zu Interpreten dieser Wirklichkeit. Zu fragen ist, in welchem Maße sie der „frei wirkenden Vorstellungskraft des Lesers", von der Gottfried Keller gesprochen hatte, Raum lassen. Und auf welche Weise das in ihren Graphiken geschieht.

Die amerikanische Ausgabe von Kafkas *Prozeß (The Trial)* erschien 1937 bei Alfred Knopf in New York mit elf Illustrationen. Sie stammen von Georg Salter, der von 1920 bis 1927 in Berlin als Bühnenbildner und als Gebrauchsgraphiker gewirkt hatte – u.a. entwarf er 1925 für den Verlag Die Schmiede (Berlin) den Einband der Erstausgabe von Kafkas Roman *Der Prozeß*. Im Jahre 1934 mußte er aus Hitler-Deutschland in die Vereinigten Staaten emigrieren. Seine Illustrationen, deren künstlerische Qualität ich nicht beurteilen möchte, verraten seine frühere bühnenbildnerische Tätigkeit. Aber darauf kommt es mir hier gar nicht an. Vielmehr geht es darum zu erkennen, wie Salter die fiktionale Wirklichkeit dieses Romans aufgefaßt hat: das ganze Gericht nämlich als eine Fiktion Josef K.s. Schon auf dem Titelbild – es zeigt den Protagonisten im Kapitel „Erste Untersuchung" – hebt sich seine Figur durch einen stärkeren Strich deutlich von den andern, schemenhaft erscheinenden Personen der Versammlung ab.[1] Die erste Illustration die Verhaftungsszene, zeigt Josef K. und sein Zimmer mit starkem Strich gezeichnet; die Repräsentanten des Gerichts, die Wächter Franz und Willem und der Aufseher, – man sieht alle drei nur durch die Wand – erscheinen wiederum nur als Schemen.[2] Auch auf dem Weg zur „Ersten Untersuchung" erscheinen Josef K. und der kleine Junge auf der Treppe als „wirkliche" Gestalten, durch die Wand hindurch aber erblickt man die schemenhaft gezeichnete Gerichtswelt. Dasselbe gilt auch für Josef K.s Besuch in den Kanzleien, wo sich, so hatte es der Gerichtsdiener vorausgesagt, „niemand um [ihn] kümmern"

---

[1] Franz Kafka, *The Trial*. (New York, Alfred Knopf, 1937), S. 39.
[2] ebenda, S. 3.

Georg Salter

werde.[1] Auch in der Prüglerszene erscheinen nur der Korridor in der Bank und die Figur Josef K.s als real, die beiden Wächter und der sie auspeitschende Prügler, ganz wie es der Roman andeutet, wie eine Halluzination, wie eine Strafvorstellung Josef K.s.[2] Besonders klar unterscheidet Georg Salter die beiden Wirklichkeitsebenen in seiner Illustration zum Kapitel „Im Dom": Im Gegensatz zur Figur Josef K.s und zum Kirchenraum hebt sich die Kanzel mit dem Gefängnisgeistlichen wie eine Imagination (Josef K.s) ab.[3]

Auf der letzten Illustration – Josef K. wird zur Richtstätte im Steinbruch geführt – ist die Unterscheidung noch augenscheinlicher: Die Perspektivlinien, das sieht man deutlich, laufen

---

[1] Franz Kafka, *Der Proceß*. Roman in der Fassung der Handschrift. Hrsg. von Malcolm Pasley. (Frankfurt/M.: S. Fischer, 1990), S. 92.
[2] Franz Kafka, *The Trial*, a.a.O., S. 105.
[3] ebenda, S. 249.

Hans Fronius: *Der Prozeß*

durch die begleitenden Herren mit den „scheinbar unverrückbaren Cylinderhüten" hindurch, nicht aber durch die Gestalt Josef K.s.[1] Sie erscheinen, im Gegensatz zu ihm, transparent. Durch seine – für den amerikanischen Leser bestimmte – Unterscheidung bringt Salter eine Eindeutigkeit in den Roman, die Kafka wahrscheinlich ebenso abgelehnt hätte wie die Darstellung des Insekts auf dem Titelblatt seiner Erzählung *Die Verwandlung*.

In Amerika wurden die Illustrationen Georg Salters jedoch seinerzeit durchaus akzeptiert. Sie wurden als sinnfälliger Ausdruck, der für den Helden Kafkas einzig und allein geltenden Wirklichkeit seines Bewußtseins aufgefaßt. In diesem Sinne schreibt der bekannte Kritiker Austin Warren 1941 in der Herbstausgabe der Zeitschrift *Southern Review*: „One remembers Georg Salter's illustrations to *The Trial*, cuts in which most persons except the introspective hero are shapes of shadow. Kafka's solipsism is intelligible, is defensible, as the illusion necessary to sustaining, in the populous and anonymous city, the belief that the soul and its choices matter."[2]

---

[1] ebenda, S. 281.
[2] Austin Warren, „Kosmos Kafka". In: *Southern Review*, vol. VII (Autumn 1941), S. 350-365.

Louis Mitelberg: *Der Prozeß*

Hans Fronius unterscheidet in einer Darstellung der gleichen Szene aus dem Jahre 1946, die von ungleich stärkerer künstlerischer Gestaltungskraft zeugt, nicht im geringsten zwischen den drei Figuren, die sich gegen den helleren Hintergrund (einer Häuserwand oder des im Schlußkapitel erwähnten Steinbruchs) abheben.[1] Die gesamte Szene erscheint theaterhaft stilisiert und unwirklich.

---

[1] Hans Fronius, *Kunst zu Kafka*. Einführung Wolfgang Hilger, Bildtexte Helmut Strutzmann (Wien: Edition Hilger, 1983), S. 24 (Abbildung 14).

Auch die Linolschnittarbeiten des schweizerischen Graphikers Hansjürg Brunner aus dem Jahre 1969 – das hängt in diesem Falle allerdings mit der Technik dieser Illustrationsform zusammen – erlauben nicht die geringste Unterscheidung von Wirklichkeitsebenen.[1]

Allgemein kann man bei den Illustratoren zwischen zwei Auffassungen unterscheiden: Die eine, stellvertretend für sie hatten wir Illustrationen Georg Salters aus dem Jahre 1937 in den Blick gebracht, stellt *zwei* Wirklichkeitsebenen heraus: die unmittelbare Wirklichkeit Josef K.s und, gleichsam dahinter, eine zweite, möglicherweise nur von ihm wahrgenommene (oder nur in seinem Bewußtsein existierende) Wirklichkeit des Gerichts. Umgekehrt führt uns Louis Mitelberg einen schemenhaften, kaum sichtbaren Josef K. vor Augen, von dem sich seine Umwelt durch stärkere Konturierung deutlich unterscheidet. Wir, die Beobachter, sehen die Welt mit seinen Augen, also aus der Perspektive des Erzählers, die mit der des Protagonisten weitgehend identisch ist.

Die anderen Illustratoren fassen die gesamte Handlung als eine dargestellte Wirklichkeit auf, treffen also keine Unterscheidungen. Sie versuchen, durch Formen einer künstlerisch überhöhten, stilisierten Darstellungsweise der eigentümlichen, nicht-realistischen „inneren" Welt dieses Autors, einer geistigen Wirklichkeit also, zu entsprechen. Denn auch Stilisierungen durch einen so eigenwilligen Künstler wie Hans Fronius betonen die Distanz von der empirisch erfahrbaren Welt, vermitteln den Eindruck des Unheimlichen bei Kafka.

Einer so eindeutigen Unterscheidung zwischen den beiden Wirklichkeitsebenen, wie Georg Salter sie trifft, hätte Kafka wahrscheinlich widersprochen. Die Handschrift des Romans läßt erkennen, daß er alle scharfen Abgrenzungen zwischen den

---

[1] Franz Kafka, *Der Prozeß*. Roman. Mit Illustrationen von Hansjürg Brunner (Thun, Schaer Verlag, 1970). Das gilt auch für die Illustrationen des Amerikaners Alan E. Cober aus dem Jahre 1975, der diese Szene, „K. realizes the futility of resistance" überschrieben, auf eine verfremdete und den Leser vielleicht auch ein wenig befremdende Art festgehalten hat (Franz Kafka, *The Trial*, Translated from the German by Willa and Edwin Muir. With an Introduction by Erich Heller and Illustrations by Alan E. Cober. (Avon, Connecticut: The Limited Editions Club, 1975, S. 218).

beiden Bereichen aufzulösen bestrebt war: so z.B. die Unterscheidung zwischen dem besonderen „Gericht Josef K.s auf dem Dachboden" und dem allgemein bekannten „Gericht im Justizpalast". Offensichtlich wollte der Autor doch einer klaren Sonderung der Bereiche innerhalb des Romans entgegenwirken. Und zwar nicht, um ihn zu „verrätseln", sondern um ihm seine Einheit und Selbständigkeit als Kunstwerk, seine hermetische Abgeschlossenheit gegenüber der realen Welt zu bewahren.

Ob die hier in Rede stehenden Illustratoren, mit Gottfried Keller zu sprechen, die „frei wirkende Vorstellungskraft des Lesers" bevormunden oder nicht, hängt weitgehend von der Interpretation der Dichtung Kafkas durch den Leser ab. Wahrscheinlich hätte Kafka solchen nicht „tatsächlich illustrierenden", sondern über das im Text Geschilderte hinausweisenden Graphiken (wie z.B. denen von Hans Fronius) zugestimmt. Johannes Urzidil, der den Autor des Prozeß-Romans persönlich kannte, glaubte jedenfalls in den Blättern von Fronius „innere Visionen Kafkascher Welten, [...] Deutungen Kafkascher Ideen" zu erkennen, die über das bloße Illustrieren weit hinausgehen.[1] Und möglicherweise hätten auch Flaubert und Keller einer solchen Art der Bildbeigabe, die das Atmosphärische einer Dichtung zu treffen vermag, nicht widersprochen.[2]

---

[1] Vgl. J. Urzidils Brief an Hans Fronius vom 7. Juni 1947.
[2] F. Kafka, *Der Proceß*, S. 136; vgl. dazu J. Born, „Kafkas Roman ‚Der Prozeß'. Das Janusgesicht einer Dichtung". In: *Was bleibt von Franz Kafka?* Positionsbestimmung. Kafka-Symposion Wien 1983. Hrsg. von Wendelin Schmidt-Dengler. Wien: Braumüller, 1983, (=Schriftenreihe der Franz-Kafka-Gesellschaft I), S. 63-78, im vorliegenden Band S. 65-84.

Verzeichnis der erwähnten Titel Kafkas

Ein altes Blatt 155
Amerika (Der Verschollene) 19, 24, 29, 35, 84, 102, 104, 106, 143
Der Bau 45
Beschreibung eines Kampfes 97
Betrachtung 56, 107
Blumfeld, ein älterer Junggeselle 116
Brief an den Vater 59, 93, 95, 110
Der Dorfschullehrer 21
Er 43, 51
Der Heizer 142, 148
In der Strafkolonie 14, 110, 115, 116, 135
Der Jäger Gracchus 23
Eine kaiserliche Botschaft 12, 32, 88, 143, 155
Ein Landarzt 50, 59f., 63, 106, 138, 140

Der plötzliche Spaziergang 154
Poseidon 38, 50ff., 108
Prometheus 98
Der Prozeß / The Trial 14, 29, 39ff., 49, 62, 65ff., 86, 91, 94, 96, 97, 102, 109ff., 128, 129, 132, 134, 135, 140, 141, 144, 164ff.
Das Schloß 43ff., 69, 102, 107
Die Sorge des Hausvaters 53
Das Unglück des Junggesellen 55
Das Urteil 17ff., 24, 29, 31, 58ff., 63, 66, 98, 102, 104, 112, 123ff., 142
Die Verwandlung 18, 20, 25, 102, 104, 112, 129, 132, 134, 135, 142, 160, 161ff.
Vor dem Gesetz (Türhüterlegende) 12, 74, 85ff., 139, 143, 155

Verzeichnis der erwähnten Personen

Albrecht, Günter 70
Allemann, Beda 65
Aragon, Louis 27
Avenarius, Ferdinand 156

Baudelaire, Charles 33
Bauer, Anna 109, 113ff.
Bauer, Carl 109, 113ff.
Bauer, Erna 13, 115, 116
Bauer, Felice 9ff, 19, 21ff., 28, 29, 46f., 50, 57ff., 63, 86, 96, 102ff., 109, 113ff., 120, 124, 135, 139, 144, 145f., 151
Bauer, Ferdinand 114
Beißner, Friedrich 100, 103, 126, 163f.
Benjamin, Walter 83
Benn, Gottfried 103
Beradt, Martin 155
Binder, Hartmut 33, 101
Bloch, Grete 11, 13, 110, 117, 155
Bloch, Hans 155f.

Böttcher, Kurt 70
Breton, André 27
Brod, Max 12, 14, 18, 28, 33, 35, 46, 49, 51, 53, 55, 57, 59, 68ff., 84, 85ff., 91, 94, 106, 107, 110, 119, 123, 124, 134, 141f., 145, 147, 149, 150, 156, 157, 161
Brunner, Hansjürg 170
Buber, Martin 128f., 135

Canetti, Elias 113, 115ff.
Claudius, Matthias 152, 156
Cober, Alan E. 170
Commanville, Caroline 151
Coppée, François 147

David, Josef 147
Dickens, Charles 148
Döblin, Alfred 30
Dostojewski, Fjodor Michailowitsch 129, 133, 135, 148ff.

Dumesnil, René 151
Duplan, Jules 159
Dymant, Dora 147

Edschmid, Kasimir 123, 160
Ehrenstein, Albert 157
Eichendorff, Joseph von 30ff, 152
Eichner, Hans 34
Eisner, Pavel 119
Emrich, Wilhelm 53, 65, 90, 137
Ernst, Ulrich 7

Fischer, Ernst 70, 102
Fischer, E.W. 159
Flaubert, Gustave 47, 48, 148ff., 159f., 171
Fontane, Theodor 148, 149
Fraiberg, Selma 33
Freud, Sigmund 133, 135
Fronius, Christin 130
Fronius, Hans 129ff., 168ff.

Glatzer, Nahum 139
Goethe, Johann Wolfgang von 148
Goldmann, Bernd 137
Greiner-Mai, Herbert 70
Greve, E. 159
Grigorowitsch 150
Grillparzer, Franz 47, 48, 148ff., 152
Grimmelshausen, Johann Jakob von 138

Haas, Willy 133
Hamsun, Knut 155
Hardt, Ludwig 147
Harich, Walter 33
Hasselblatt, Dieter 28, 31
Hebbel, Friedrich 149f.
Hebel, Johann Peter 147, 152, 156
Helbling, Carl 160
Heller, Erich 101, 124, 138, 145, 170
Henel, Ingeborg 65, 74
Hesse, Hermann 85
Hilger, Wolfgang 130, 169

Hiller, Kurt 143
Hillmann, Heinz 23
Hodin, Josef Paul 147
Hölderlin, Friedrich 55
Hoffmann, E.T.A. 32ff.
Hoffmann, Nina 150
Hofmannsthal, Hugo von 29, 105, 138

Ibsen, Henrik 110, 138

Jean Paul 144
Jesenská, Milena 101, 157
Jeziorkowski, Klaus 160
Joyce, James 99

Kafka, Julie 115, 120
Kafka, Hermann 48, 57, 59, 63, 95f., 107, 110, 112, 115, 120, 134, 146, 153
Kafka, Ottla 115, 144, 147, 149
Kaiser, Georg 157
Kaus, Otto 150
Keller, Gottfried 160, 166, 171
Keller, Werner 126
Kerner, Justinus 30, 152
Kierkegaard, Søren 41, 48, 140, 142, 146
Klee, Paul 41, 42
Kleist, Heinrich von 30, 148ff., 152
Knopf, Alfred A. 166
Kobligk, Helmut 129
Koch, Elke 90
Koch, Hans-Gerd 125, 159
Kölwel, Gottfried 157
Kranner, Georg 141
Krohn, Paul Günter 70
Küffer, Georg 124

Lamping, Dieter 7
Lasker-Schüler, Else 152, 156
Laube, Heinrich 150
Lessing, Gotthold Ephraim 130
Levý, Michele 159
Löwy, Rudolf 56f., 63

Lukács, Georg 33, 70, 156
Mann, Thomas 34, 67, 85, 105, 109, 112, 138, 142, 148, 151
Martini, Fritz 103
Maier-Staubach, Christel 7
Mitelberg, Louis 169f.
Muir, Edwin 170
Muir, Willa 170
Mühlfeit, Herbert 123, 142
Müller, Hans von 33
Müller, Michael 101, 125, 159
Müller-Freienfels, Richard 20, 21
Müller-Seidel, Walter 33
Muschg, Walter 90
Musil, Robert 138

Neumann, Gerhard 129
Nietzsche, Friedrich 103, 133

Otten, Ellen 135

Pasley, Malcolm 125, 159, 167
Paulsen, Wolfgang 34, 63
Pinthus, Kurt 123, 126
Poe, Edgar Allan 33
Politzer, Heinz 18, 65, 66, 70
Pollak, Ernst 133
Pollak, Oskar 28, 149

Richter, Helmut 53
Rilke, Rainer Maria 55, 90, 99, 108
Rosenzweig, Edith 134
Rosenzweig, Franz 134
Rückert, Friedrich 144

Salter, Georg 166ff., 170
Schaffstein, Herrmann 151, 152
Schickele, René 160
Schillemeit, Jost 65, 139, 142
Schmidt-Dengler, Wendelin 141, 171
Schnitzler, Arthur 152
Schweppenhäuser, Hermann 83
Seume, Johann Gottfried 144

Sieber, Carl 90
Sieber-Rilke, Ruth 90
Simon, Ernst 134
Sokel, Walter 18, 44, 45, 65, 133
Spicker, Friedemann 123, 142
Starke, Ottomar 161ff.
Stauffer-Bern, Karl 154
Steiner, Marianne 52
Steiner, Rudolf 60
Sternheim, Carl 160, 161
Stifter, Adalbert 148, 152
Stoessl, Otto 150
Strachoff, N.N. 150
Strindberg, August 150, 153
Strutzmann, Helmut 130, 169
Swift, Jonathan 138

Thoma, Hans 145
Thuman, Paul 160
Tieck, Ludwig 34
Trakl, Georg 55

Uhland, Ludwig 144
Urzidil, Johannes 171

Wagenbach, Klaus 101
Walser, Martin 80f., 100, 101, 111, 112
Walzel, Oskar 33, 142
Warren, Austin 168
Weber, Dietrich 7
Weber, Oskar 151
Weiß, Ernst 26, 150, 152, 157
Welles, Orson 70
Weltsch, Felix 90, 151
Werfel, Franz 133, 143, 150, 157
Wiegler, Paul 18
Wolff, Kurt 49, 123, 135, 157, 160, 164

Yeats, William B. 99

Zeller, Bernhard 135
Zenge, Wilhelmine von 150

Literaturnachweise

„Daß zwei in mir kämpfen ..." Zu einem Brief Kafkas an Felice Bauer. In: *Literatur und Kritik*, H. 22, 1968, S. 105-109.

Das „Feuer zusammenhängender Stunden". Zu Kafkas Metaphorik des dichterischen Schaffens. In: Wolfgang Paulsen (Hrsg.), *Das Nachleben der Romantik in der modernen deutschen Literatur:* Die Vorträge des zweiten Kolloquiums in Amherst/Mass. Heidelberg: Stiehm, 1969, S. 177-191.

Kafkas unermüdliche Rechner. In: *Euphorion* 64, 197. S. 404-413.

Vorahnungen bei Kafka? In: *Kunst und Prophetie*. Franz Kafka-Symposion Juni 1979 in Klosterneuburg. Veranstaltet von: Niederösterreich-Gesellschaft für Kunst und Kultur, Stadt Klosterneuburg, Österreichische Gesellschaft für Literatur, Franz Kafka-Gesellschaft. In: *Literatur und Kritik*, Nr. 141, 1980, S. 22-28.

Kafkas Roman *Der Prozeß*: Das Janusgesicht einer Dichtung. In: *Was bleibt von Kafka?* Positionsbestimmung. Kafka-Symposion Wien 1983. Schriftenreihe der Franz Kafka-Gesellschaft 1. Wien: Braumüller, 1983, S. 63-78.

Kafkas Türhüterlegende. Versuch einer positiven Deutung. In: *Jenseits der Gleichnisse*. Kafka und sein Werk. Akten des Internationalen Kafka-Kolloquiums Gent 1983. In Verbindung mit Edward Verhofstadt hrsg. von Luc Lamberechts und Jaak de Vos. Bern, Frankfurt a.M., New York: Lang, 1986, S. 170-181.

‚Leben und Werk' im Blickfeld der Deutung: Überlegungen zur Kafka-Interpretation. In: *Kafka-Studien*. Hrsg. von Barbara Elling. New York, Bern, Frankfurt a.M.: Peter Lang, 1985, S. 41-62.

Kafkas Erzählung *Das Urteil*: Schuld oder Schuldgefühle. In: *Das Schuldproblem bei Franz Kafka*. Kafka-Symposium 1993. Klosterneuburg. Schriftenreihe der Franz Kafka-Gesellschaft Bd. 6 (Wien, Köln, Weimar: Böhlau 1995), S. 44-58.

Kafka als Kritiker der Moderne. In: *Deutschlandforschung*. Institute of German Studies/Seoul National University: Bd. 5/1996, S. 62-73.

Kafka als Leser: In: *Kafkas Bibliothek*. Ein beschreibendes Verzeichnis. Zusammengestellt unter Mitarbeit von Michael Antreter, Waltraud John und John Shepherd. (Frankfurt a.M.: S. Fischer 1990) S. 225-232.

Der Illustrator als Interpret: Dargestellte Wirklichkeit in Kafkas *Prozeß*. In: *Laborintus Litteratus*. Festgabe für Dietrich Weber zum 60. Geburtstag. Hrsg. von Ulrich Ernst. (Wuppertaler Broschüren zur Allgemeinen Literaturwissenschaft Nr. 7/1995), S. 105-118.

Der Autor

Jürgen Born, 1927 in Danzig geboren, studierte Anglistik und Germanistik an der Freien Universität Berlin, an der Harvard-University und an der Nothwestern University. Als Dozent der Germanistik wirkte er an der Marquette University, Milwaukee, Wisconsin, und an der University von Massachusetts in Amherst. 1974 wurde er an die Universität Wuppertal berufen, wo er die „Forschungsstelle Prager deutsche Literatur" einrichtete. Bis zum Jahre 1992 vertrat er dort als Hochschullehrer die Fächer Allgemeine Literaturwissenschaft und Neuere deutsche Literaturgeschichte; auch nach seiner Emeritierung betreut er literaturwissenschaftliche Projekte an der Wuppertaler Forschungsstelle.

Viele seiner Arbeiten galten deutschsprachigen Autoren der böhmischen Länder, vor allem Franz Kafka; u.a. gab er Kafkas *Briefe an Felice* heraus (zusammen mit Erich Heller, 1967), Kafkas *Briefe an Milena* (zusammen mit Michael Müller, 1983). 1979 bzw. 1983 erschienen unter seiner Herausgeberschaft zwei Bände zur Dokumentation der Kafka-Kritik 1912-1924 bzw. 1924-1938. Der von ihm veröffentlichte Band *Kafkas Bibliothek*, ein beschreibendes Verzeichnis (1990), stellt eine Sammlung von Büchern des Prager Autors vor, die Okkupation und Kriegswirren überdauert hatten und die Born 1983 für die Universitätsbibliothek Wuppertal erwerben konnte.

Als jüngste Publikation erschien im Frühjahr 2000, herausgegeben zusammen mit Diether Krywalski, *Deutschsprachige Literatur aus Prag und den böhmischen Ländern 1900-1939*.